POLYGLOTT

SCHWEIZ

ON TOUR

DER

GUNNAR HABITZ

arbeitete viele Jahre in Zürich als internationaler Manager in der IT-Branche. Der Schweizer Autor mit Bremer Wurzeln studierte in Zürich Wirtschaftsingenieurwesen und veröffentlichte zahlreiche Reiseführer über die Schweiz und Tschechien sowie Reiseberichte aus aller Welt. Von ihm stammen auch die POLYGLOTT-Titel Bodensee und Prag (www.habitz.ch).

Unser E-Book-Code zur elektronischen Erweiterung des POLYGLOTT on tour. Das kostenlose E-Book enthält die im Reiseführer aufgeführten Adressen entlang der Touren, beispielsweise zu Essen und Trinken, Shoppen, Aktivitäten und Hotel-Tipps. Links auf einen externen Kartendienst vereinfachen das Auffinden dieser Adressen.

WWW.POLYGLOTT.DE

SYMBOLE ALLGEMEIN
Erstklassig: Besondere Tipps der Autoren
Seitenblick: Spannende Anekdoten zum Reiseziel
Top-Highlights und Highlights der Destination

48 TOUREN & SEHENSWERTES

TOUR-SYMBOLE

- 1 Die POLYGLOTT-Touren
- 6 Stationen einer Tour
- A1 Die Koordinate verweist auf die Platzierung in der Faltkarte
- a1 Platzierung Rückseite Faltkarte

PREIS-SYMBOLE

	Hotel DZ	Restaurant
€	bis 160 CHF	bis 40 CHF
€€	160 bis 300 CHF	40 bis 70 CHF
€€€	über 300 CHF	über 70 CHF

ZEICHENERKLÄRUNG DER KARTEN

- beschriebene Region (Seite = Kapitelanfang)
- Sehenswürdigkeiten
- Tourenvorschlag
- Autobahn
- Schnellstraße
- Hauptstraße
- sonstige Straßen
- Fußgängerzone
- Eisenbahn
- Staatsgrenze
- Landesgrenze
- Nationalparkgrenze

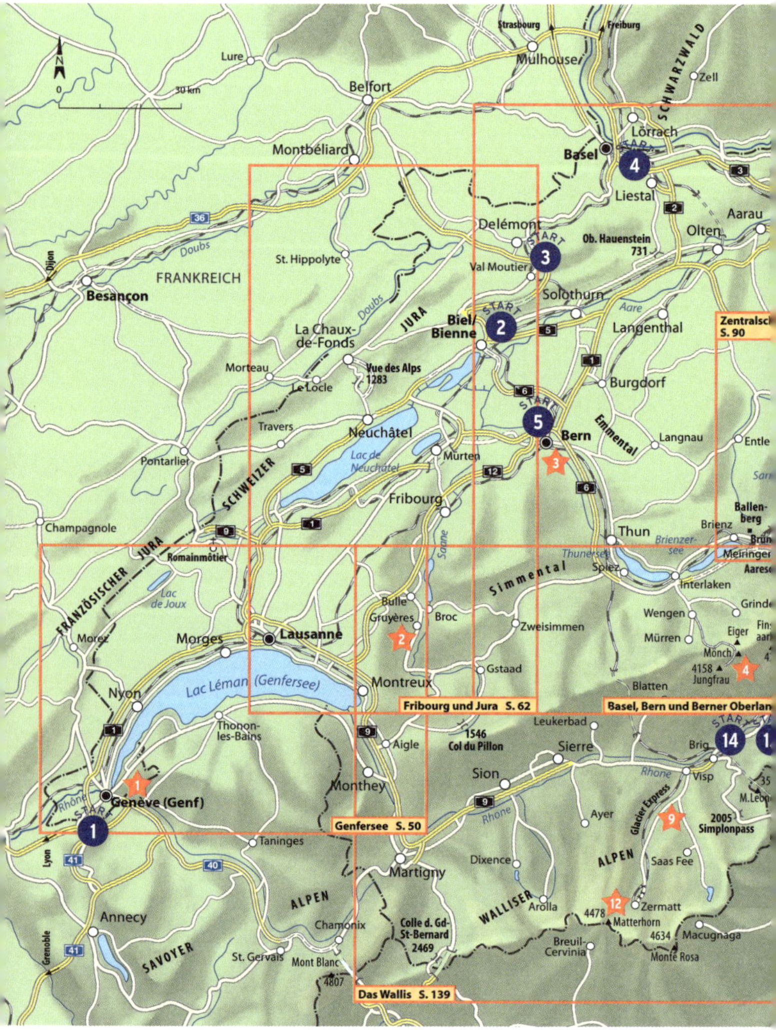

Perfekte Planung > Parallel vordere Klappe aufschlagen

TOP-12-HIGHLIGHTS

1 GENF, VIEILLE VILLE > S. 54
2 GRUYÈRES UND SCHAUKÄSEREI > S. 66
3 BERNER ALTSTADT > S. 81
4 EIGER, MÖNCH, JUNGFRAU > S. 88
5 LUZERN > S. 93
6 RHEINFALL > S. 110
7 KLOSTERABTEI ST. GALLEN > S. 111
8 ST. MORITZ > S. 121
9 GLACIER EXPRESS > S. 122
10 ASCONA > S. 136
11 LAGO DI LUGANO > S. 138
12 ZERMATT UND MATTERHORN > S. 142

Flach- und Hochmoore prägen die
Landschaft der Alp Flix im Parc Ela
in Graubünden

TYPISCH

DIE SCHWEIZ IST EINE REISE WERT!

Eine spannende Vielfalt an Landschaften, Menschen und Kulturen erwartet Sie im kleinen, aber feinen Paradies zwischen Deutschland, Österreich, Italien und Frankreich. Es lohnt sich, auch die weniger bekannten Punkte anzusteuern jenseits von Matterhorn & Co.

GUNNAR HABITZ
arbeitete viele Jahre in Zürich als Manager in der IT-Branche. Der Schweizer Autor mit Bremer Wurzeln veröffentlichte zahlreiche Reiseführer über die Schweiz und Tschechien sowie Reiseberichte aus aller Welt. Von ihm stammen auch die POLYGLOTT-Titel Bodensee und Prag (www.habitz.ch).

Grüezi mitenand und herzlich willkommen in einem der vielseitigsten Länder in der Mitte Europas! Wobei es eher »im Herzen Europas« heißen müsste, denn die geografische Mitte liegt bekanntlich weiter östlich – und das Herz trägt der Mensch ja auch auf der linken Seite.

Die Schweiz hat mich bereits während meiner Kindheit in Norddeutschland angezogen; ich wollte sogar mein Informatikstudium in Zürich an der ETH verbringen, denn der Ruf der Eidgenössischen Technischen Hochschule ging schon damals um die Welt. Aus den ersten zaghaften Besuchen in Basel, Bern und Luzern wurden längere Aufenthalte in den Bergkantonen Wallis und Graubünden. Spätestens da war klar: Es zieht mich dauerhaft in die Schweiz. In den Neunzigern war es ohne die bilateralen Verträge mit der EU längst nicht so einfach, in der Schweiz Fuß zu fassen – mein Arbeitgeber musste damals noch nachweisen, keinen geeigneten Schweizer für meine damalige Aufgabe gefunden zu haben. Und schließlich konnte ich mein Zweitstudium in meiner neuen Heimat Zürich absolvieren.

Meine ersten Jahre in der Schweiz waren durch regelmäßige Ausflüge an den Wochenenden geprägt. Kein Wunder angesichts der geringen Entfernungen: Von Zürich aus schafft man ohne Weiteres am selben Tag ein Dinner in einem Tessiner Grotto und könnte theoretisch sogar wieder zurückkehren – es wäre jedoch ein Jammer, die »Sonnenstube der Schweiz« überhastet zu verlassen. Nach Besuchen der Klassiker Genf, St. Moritz, Zermatt und dem Jungfraujoch reizten mich immer mehr die weniger bekannten Ecken des Landes, die nicht im Programm der touristischen Reisegruppen stehen.

Wer von denen war schon in St-Ursanne im Kanton Jura oder in den Thermen von Leukerbad im Wallis und Scuol im Unterengadin? Oder ist in der Zentralschweiz auf den Spuren von Bruder Klaus in Flüeli-Ranft gewandelt?

Die Vielseitigkeit der Schweiz ist ansteckend, es gibt so vieles zu entdecken. Wer früher mit der Modelleisenbahn gespielt hat, findet im Simmental genau die Landschaft vor, die man sich damals beim Zusammenbauen insgeheim vorgestellt hatte. Wasserratten zieht es an die Gestade der vielen Seen, bekannt sind vor allem Bodensee, Genfersee und Vierwaldstättersee. Erholsam sind aber auch Wanderungen an kleineren Gewässern wie dem Hochmoorsee Etang de la Gruère bei Saignelégier im Jura. Mein Favorit ist eine Fahrt mit den hundertjährigen Raddampfern auf dem türkisfarbenen Brienzersee. Von dort zieht es mich häufig in die weniger besiedelten Gebiete wie das Rosenlauital im Berner Oberland, das schon Goethe durchwandert hat, lange bevor die dortige Gletscherschlucht entdeckt wurde.

Und auch die (für Schweizer Verhältnisse) großen Städte profitieren von ihren Seen: Zürich, der stabile Finanzplatz in der Mitte Europas, und Genf, Sitz der Vereinten Nationen und vieler weiterer Organisationen. Basel hat zwar »nur« den Rhein und ist wirtschaftlich ein Zentrum der Pharmazie, doch als Stadt der Museen und Schauplatz der Art Basel auch gleichzeitig eine Hochburg der Kunst. Die Bundesstadt Bern mit ihren pittoresken Altstadtgassen (und ohne großes Gewässer) wirkt dagegen eher gemütlich, nicht umsonst sagt man hier »nume nid gsprängt« im Sinne von »keine übertriebene Eile«. Sehenswert sind ebenso die kleineren, schön herausgeputzten Städte wie Solothurn, Murten und Stein am Rhein.

Luzern – hier der Rathaussteg – ist ein Schmuckkästchen der Zentralschweiz

297 m tief fällt das Wasser des Staubbachfalls bei Lauterbrunnen im Berner Oberland

Nach bald zwei Jahrzehnten in der Schweiz und inzwischen eingebürgert, zieht es mich noch immer mit derselben Neugier wie zu Beginn in die Bündner Bergwelt. Als Liebhaber historischer Hotels mit Charakter bieten Sils-Maria, Davos oder gar das weniger bekannte Bergün passende Unterkünfte in meinem Lieblingskanton Graubünden – eine Schweiz im Kleinen, so wie die Schweiz ein Europa im Kleinen ist. Immer wieder aufregend ist die Anreise mit den roten Schmalspurzügen der Rhätischen Bahn über die spektakuläre Albula-Strecke und natürlich durch den Gotthard-Basistunnel, den längsten Eisenbahntunnel der Welt.

Auch kulinarisch ist die reichhaltige Bündner Küche wie ein Auftakt zur kulinarischen Vielfalt der ganzen Schweiz, in der die Kulturen der vier Sprachregionen Deutsch, Französisch, Italienisch und Rätoromanisch auf wundersame Weise zusammenfinden. Ein Stückchen davon kann man sogar mitnehmen. Klar, Lindt gibt es auch anderswo, aber eine Reihe von Schweizer Produkten, vom Käse bis zur Schoki, bekommt man eben nur bei uns. In diesem Sinne wünsche ich Ihnen spannende und nachhaltige Erlebnisse in der Schweiz, dem kleinen Paradies im Herzen Europas.

WAS STECKT DAHINTER?

Die kleinen Geheimnisse sind oftmals die spannendsten. Hier werden die Geschichten hinter den Kulissen erzählt.

WAS WURDE AUS DEM SCHWEIZER BANKGEHEIMNIS?

Jahrhundertelang schützten die zahlreichen Schweizer Privatbanken die Geschäfte ihrer Kunden und verweigerten jegliche Auskünfte. Die ersten Anfragen aus dem Ausland kamen während der Weltwirtschaftskrise der 1930er-Jahre, sodass die Schweiz 1934 das Bankgeheimnis ins Gesetz aufnahm. Bereits damals war diese Verschwiegenheit den Nachbarstaaten ein Dorn im Auge. Durch Steuersünder-CDs und andere Datendiebstähle ist das Bankgeheimnis inzwischen durchlöchert wie ein Schweizer Käse: 2009 ist die Schweiz dem automatischen Informationsaustausch der OECD beigetreten.

WARUM BEGINNT DIE BASLER FASNACHT MORGENS UM VIER?

Irgendwie ist sie spät dran und doch früh: Die Fasnacht in Basel beginnt erst am Montag nach Aschermittwoch, wenn anderswo alles vorbei ist – dafür bereits morgens um 4 Uhr mit dem »Morgestraich«. Dann löschen die Basler Stadtwerke alle Lichter, und nur die Laternen der bunt bemalten Cliquen sind zu sehen, begleitet vom lauten Pfeifen und Trommeln der Marschierenden. Bei den Beppis (den Baslern) gilt der Ausnahmezustand gleich drei Tage lang, sogar viele Geschäfte und Kneipen sind durchgehend geöffnet. Die Guggenmusiker spielen besonders am Dienstagabend groß auf. Nach 72 Stunden ausgelassener Fröhlichkeit markiert der »Änd-straich« am Donnerstag um 4 Uhr das Ende der Basler Fasnacht.

Im 18. Jh. war der Beginn noch auf 7 Uhr morgens festgelegt, doch der Gastwirt Samuel Bell scherte sich nicht um Verbote und rief 1833 gemeinsam mit seinen Spießgesellen den Morgestraich bereits um 3 Uhr aus. Seit 1835 ist nun 4 Uhr offiziell erlaubt. Wer als Tourist dabei ist, sollte aus Rücksicht auf die Cliquen nie mit Blitz fotografieren.

WIE WURDE VOR 150 JAHREN DER WINTERSPORT ERFUNDEN?

Alles begann mit einer Wette. Der Hotelier Johannes Badrutt vom Kulm Hotel in St. Moritz schlug im ausgehenden Sommer 1864 seinen englischen Stammgästen vor, die Reize des Engadiner Winters zu erleben – bei Nichtgefallen würde er ihre Reisekosten übernehmen. Doch keine Spur von Unzufriedenheit: Glücklich zurückgekehrt vom ersten langen Winteraufenthalt, verbreiteten sie die Kunde schnell um die Welt. Der Wintertourismus war geboren und wurde mit Sportarten wie Curling, Bob und Skeleton – bei Engländern beliebt – rasch ausgebaut. Die Skigebiete, die heute das Bild prägen, kamen erst später dazu.

50 DINGE, DIE SIE ...

Hier wird entdeckt, probiert, gestaunt, Urlaubserinnerungen werden gesammelt und Fettnäpfe clever umgangen. Diese Tipps machen Lust auf mehr und lassen Sie die ganz typischen Seiten erleben. Viel Spaß dabei!

... ERLEBEN SOLLTEN

❶ **Surfen am Genfersee** Der Lac Léman ist mit seinem Westwind ein Paradies für Windsurfer. Der Surf Shop C5 in Préverenges östlich von Morges vermietet nicht nur die passende Ausrüstung, sondern gibt auch Kurse für Neueinsteiger (Av. Plage 1, www.surfshop.ch).

❷ **Ballonfahren** In dem kleinen Ort Château-d'Oex › S. 67 findet nicht nur jährlich Ende Januar das Ballonfestival statt, man kann ganzjährig selbst eine Reise mit dem Ballon unternehmen und die herrliche Fernsicht auf die Alpen genießen.

❸ **Höllgrotten Baar** Die 200 km lange Höhle wird mit LED-Beleuchtung in ein ganz neues Licht gerückt. Beliebt sind die Märchenführungen ab Baar G3, bei denen sich Höhlenteile wie Feengrotte und Zauberschloss in ein unterirdisches Fabelreich verwandeln (auf Schweizerdeutsch; www.hoellgrotten.ch).

❹ **Rosenlaui** Anno 1779 wanderte Goethe von Grindelwald durch das wunderbare Rosenlauital F5, doch die gleichnamige Gletscherschlucht mit ihren bizarren Felsschliffen und romantischen Grotten blieb ihm damals verborgen – heutige Wanderer genießen das Kunstwerk der Natur (www.rosenlaui.ch).

❺ **Mit der Kamera zur Albula-Strecke** Die beeindruckenden Bauwerke der waghalsigen Bahnstrecke › S. 121 wie den Landwasserviadukt kann man nur von unten richtig fotografieren. Ein ausgeschildeter Weg ab Bahnhof Filisur führt zum herrlichen Aussichtspunkt – immer zur vollen Stunde fahren die roten Züge der Rhätischen Bahn darüber.

❻ **Schwindelfrei unter Viertausendern** Als Teil des 35 km langen Europawegs C7 von Zermatt nach Grächen überspannt die längste Fußgänger-Hängebrücke der Welt 494 m in bis zu 85 m Höhe. Atemberaubend! (www.europaweg.ch).

❼ **Snowboard in Laax** Das Wintersportgebiet Laax › S. 128 ist nicht nur das größte in Graubünden, sondern hat auch die größte Halfpipe der Welt für grenzenloses Snowboard-Vergnügen.

❽ **Per Kutsche ins Fextal** Wer sich in die Zeit zurückversetzen möchte, als die verschneite Bergwelt noch frei von Skiliften war, fährt ab Sils-Maria mit einer Pferdekutsche

Ballonfahrt in Château-d'Oex

ins autofreie Fextal › S. 123 und kann dabei richtig entschleunigen.

9 Foxtrail Auf speziell eingerichteten Parcours mit kniffligen Rätseln und versteckten Fährten lernt man Bern E4 zu Fuß und mit öffentlichen Verkehrsmitteln auf überraschende Weise kennen – Köpfchen gefordert. Schon ab zwei Personen, ideal für größere Gruppen – und auch in anderen Schweizer Städten im Angebot (www.foxtrail.ch).

10 Radeln in der Rheinschlucht Den »Little Swiss Grand Canyon« › S. 128 erlebt man am besten aktiv auf dem Drahtesel über steile Straßen ins enge Tal. Das Leihvelo vom Bahnhof Ilanz kann man nach 40 km in Thusis wieder abgeben (www.rentabike.ch).

11 Wandern im Val Verzasca Ursprünglich, rau und vielseitig ist das Tal in den Tessiner Alpen › S. 136. Ein schöner Weg führt vom Verzasca-Staudamm nach Corippo, mit zwölf Einwohnern die kleinste Gemeinde der Schweiz.

… PROBIEREN SOLLTEN

12 Bündner Gerstensuppe Sie ist in vielen Restaurants die passende Einleitung zu den Hauptgerichten der Speisekarte. Neben viel Gerste enthält sie Kohl, Sellerie und Rüebli, sprich Karotten. In gediegenem Interieur wird sie im Kurhaus Bergün › S. 121 serviert.

13 Capuns Kleine Spätzlestückchen vermischt mit Bündnerfleisch und umwickelt mit Mangoldblättern: So entsteht diese Spezialität aus Graubünden, die z. B. in der Veltlinerstube des Hotels Stern › S. 119 in Chur zu probieren ist.

14 Chügelipastete Eine Luzerner Spezialität ist das Blätterteiggebäck mit einem Ragout aus Kalbfleisch, Reis und Gemüse – im Wirtshaus Taube › S. 97 als »Chögalipaschtetli« in der auf Luzerndeutsch abgefassten Speisekarte zu finden.

15 Engadiner Nusstorte Die leckere Torte aus hellem Mürbeteig und dunkler Nussfüllung bekommt man u. a. in mehreren Größen bei Hanselmann › S. 122 in St. Moritz.

16 Schweizer Schoki Wer keine einheimische Schokolade gekostet hat, war nicht wirklich in der Schweiz. Das größte Besucherzentrum bietet die beliebte Marke Chocolat Frey in Buchs bei Aarau F3 (www.chocolatfrey.ch)

17 Käsefondue Bei diesem aus dem Wallis stammenden Klassiker werden Brotstückchen in geschmolzenen Käse mit einer Spur Weißwein getaucht. Manche Restaurants wie die Harmonie › S. 85 in Bern bieten auch Varianten mit Trüffeln oder Morcheln.

18 Fondue Chinoise Ebenfalls ein traditionelles Schweizer Fondue,

500 m Höhenunterschied überwinden die Kaskaden der Giessbachfälle bei Brienz

nur wird hier nichts geschmolzen, sondern kleine Fleischscheiben verschiedener Sorten werden auf dem Tisch in Brühe gegart. Das Hotel-Restaurant Zur Mühle › S. 143 in Saas-Fee ergänzt zum Chinoise eine Version mit Riesenkrevetten.

19 Pinot noir Die Bündner Herrschaft nördlich von Chur ist Graubündens größtes Weinanbaugebiet, das exzellenten Blauburgunder hervorbringt, wie der Pinot noir hier heißt. Probieren kann man die Weine etwa im Hotelrestaurant Weiss Kreuz J4 in Malans (Dorfplatz 1, www.weisskreuzmalans.ch).

20 Pizzoccheri Diese Spezialität der Bündnerküche ist ein Pfannengericht aus Buchweizennudeln, vermischt mit Gemüse und Käse. Besonders gut im Hotel Albrici › S. 125 in Poschiavo.

21 Polenta Aus Italien stammt diese Maisbeilage, die über das Tessin ihren Weg in die Schweizer Küche gefunden hat und zu meist kräftigem Fleisch gereicht wird. Im Grand Café al Porto › S. 138 in Lugano gibt's Polenta regelmäßig zum Mittagstisch.

22 Zürcher Gschnetzeltes Dünne Kalbfleischscheiben in einer Champignon-Rahm-Soße mit Rösti aus fein geriebenen Kartoffeln: Das ist der Beitrag der Limmatstadt zur Weltküche. Lassen Sie es sich am besten gleich an Ort und Stelle schmecken, etwa im Restaurant Zum Kropf › S. 108 in Zürich.

Käsefondue, der Schweizer Klassiker

... BESTAUNEN SOLLTEN

23 Giessbachfälle Über 14 Stufen tosen die Wassermassen des Giessbachs › S. 86 hinab in den Brienzersee. Zuschauer können die gesund angereicherte Luft trockenen Fußes auf einer Fußgängerbrücke direkt unter dem Wasserfall genießen.

24 Schloss Chillon Die Wasserburg › S. 60 liegt westlich von Montreux auf einer Felseninsel direkt im Genfersee. Als klassische Burganlage bereits vor tausend Jahren entstanden, ist Chillon eigentlich gar kein Schloss, die Repräsentationsräumlichkeiten erinnern jedoch an eine Schlossresidenz.

25 Weinberge im Lavaux Viele der von Trockensteinmauern gesäumten Weinterrassen › S. 61 östlich von Lausanne wurden schon im Mittelalter von Zisterziensern angelegt. Das flirrende Sonnenlicht, das vom Genfersee reflektiert wird, sorgt für

Im Freilichtmuseum Ballenberg

zusätzliche Wärme und eine zauberhafte Stimmung.

26 Doubsbrücke in St-Ursanne Das bezaubernde Städtchen › S. 70 mit seiner ruhigen Atmosphäre am Nordufer des Flusses Doubs erinnert an das nahe Frankreich. Malerisch ist vor allem der Blick über die steinerne Brücke mit den Juraketten im Hintergrund.

27 Fondation Beyeler in Basel Drinnen ist eine hervorragende Kunstsammlung klassischer Moderne › S. 77, aber schon das langgezogene Gebäude von Stararchitekt Renzo Piano begeistert, wie es sich in die Naturlandschaft des wunderbaren Parks einfügt – jüngst ergänzt durch einen Skulpturenweg bis zum Architekturpark Vitra Campus.

28 Freilichtmuseum Ballenberg Die Schweiz war nicht immer ein reiches Land mit der Finanzwirtschaft als Wohlstandsmotor. Das bescheidene, ländlich-bäuerlich geprägte Leben der Menschen zeigt das Freilichtmuseum › S. 86 im Berner Oberland in jahrhundertealten originalen Gebäuden aus allen Teilen des Landes. Inmitten einheimischer Tiere und Pflanzen werden Leben und Arbeiten der Vergangenheit authentisch nachgestellt.

29 Großer Aletschgletscher Trotz Gletscherschmelze ist der längste Eisstrom der Alpen › S. 144 ein überwältigender Anblick: Auf über 22 km Länge schiebt er sich mit bis zu 180 m pro Jahr vom Jungfraugebiet in Richtung Rhonetal. Panoramasicht bietet die Riederalp, die man von Mörel mit der Seilbahn erreicht.

30 Entlebuch Von Luzern aus schlängelt sich die Kleine Emme bis nach Bern durch ein gering besiedeltes Gebiet › S. 100, das mit einem Mix aus Wald, Moor und weiten Landschaften den Wanderer verzaubert (www.biosphaere.ch).

31 Japanische Nô-Masken im Museum Rietberg Alle menschlichen Gefühle scheinen sie ausdrücken zu können, je nachdem, aus welchem Winkel man sie anblickt – zu sehen in der einzigartigen Sammlung außereuropäischer Kunst in der Villa Wesendonck › S. 106 in Zürich.

32 Fachwerkhäuser in Stein am Rhein Die farbenfrohen Fassaden, hübschen Erker und steilen Giebel entlang der Understadt und dem Raathuusplatz bilden eine langgezogene Piazza › S. 110 mit ansteckend entspannter Atmosphäre.

33 Verkehrshaus der Schweiz Das Museum in Luzern › S. 96 ist ein Musterbeispiel, wie man historische Technik spannend darstellen kann. In der multimedialen Attraktion »Swiss Chocolate Adventure« fahren die Besucher 20 Min. lang durch die Welt der Schoki-Herstellung.

… MIT NACH HAUSE NEHMEN SOLLTEN

34 Villars Schokischachteln Die Schokoladenprodukte des »Maître Chocolatier« aus Fribourg in ihren liebevoll dekorierten Metalldosen sind ideale Mitbringsel. Man findet sie in den Bahnhöfen und an Flughäfen sowie in vielen Supermärkten (www.villars.com).

35 Echtes Schweizer Sackmesser Nirgendwo sonst gibt es ein so vielfältiges Angebot des Swiss Army Knife wie im Land selbst. In Brunnen im Kanton Schwyz führt Victorinox G4 sogar ein kleines Museum (www.swissknifevalley.ch).

36 Zuger Kirschtorte Seit vier Jahrhunderten werden Kirschen rund um Zug kultiviert, beliebt ist besonders der Obstbrand »Zuger Kirsch«. Vor diesem Hintergrund entstand vor hundert Jahren die Idee dieser Torte aus Buttercreme und Biskuitboden. Die echt(e) gute Torte verkauft die Confiserie Strick-

Charmant mittelalterlich präsentiert sich die Altstadt von Stein am Rhein

»Apfeldorf« nennt sich Altnau am Bodensee im Thurgau

ler G3 in Zug (Bundesplatz 4, www.diezugerkirschtorte.ch).

37 Luxemburgerli von Sprüngli Die berühmteste Zürcher Confiserie › S. 108 verkauft am Paradeplatz die leckeren Macarons. Der Name dieser täglich frischen Versuchung geht auf ein altes Rezept aus Luxemburg zurück.

38 Taschen von Freitag Aus alten LKW-Planen fertigt der Zürcher Hersteller Taschen und Rucksäcke – ein Dauerbrenner. Erhältlich online und im Flagship-Store G3 (Geroldstr. 17, Zürich, www.freitag.ch).

39 Bündner Birnbrot Das leicht süßliche Brot, in dem Dörrfrüchte, Nüsse und Rosinen von hellem Teig umhüllt sind, gilt in Graubünden als weihnachtliche Spezialität. Hervorragendes Birnbrot stammt aus Lavin im Unterengadin, zu bekommen im Quartierladen nahundfein G3 (Winterthurerstr. 13, Zürich, www.nahundfein.ch).

40 Appenzeller Käse Die Rezeptur des würzigen Käses ist und bleibt ein Geheimnis. Den Käse gibt es zwar auch im Ausland, aber das »Heimwehpäckli« nur in der eigenen Schaukäserei J3 (Dorf 711, 9063 Stein, www.schaukaeserei.ch).

41 Gottlieber Hüppen Die feinen Rollwaffeln aus Gottlieben am Bodensee begeisterten im 19. Jh. schon Napoleon III. Die Manufaktur mit eigenem Seecafé H2 führt auch

Pralinés und Spezialeditionen in Schmuckdosen (Espenstrasse 9, Gottlieben, www.gottlieber.ch).

42 Thurgauer Äpfel Im warmen Klima des Kantons Thurgau gedeihen viele Apfelsorten prächtig, natürlich auch im Bioanbau. Richtig gute, lagerfähige Äpfel verkauft der Hofladen des Familienbetriebs Öpfelfarm J2 in Steinebrunn zwischen Romanshorn und Arbon (Olmishausen 18, www.oepfelfarm.ch).

... BLEIBEN LASSEN SOLLTEN

43 Gotthardtunnel zum Ferienbeginn Die Nord-Süd-Strecke ist besonders zu Beginn der Schulferien hoffnungslos verstopft. Bei der Terminwahl unbedingt die richtige Balance finden zwischen der sonnigen Hauptreisezeit und den leeren Straßen der Nebensaison – oder per Zug durch den Gotthard-Basistunnel anreisen.

44 Rütliwiese am 1. August Am Schweizer Nationalfeiertag veranstalten viele Orte sehenswerte Kundgebungen und kleine Feuerwerke. Das jährliche Treffen auf der Rütliwiese mit allerlei Bundesprominenz ist jedoch überfüllt und wird oft auch von Demonstrationen begleitet.

45 Davos beim Gipfeltreffen Jährlich Ende Januar findet in Davos das Gipfeltreffen des WEF statt. Der ganze Ort wird streng bewacht, die VIP-Teilnehmer reisen per Helikopter an. Reguläre Wintergäste sollten den Zeitraum auch in den benachbarten Orten meiden.

46 Verkehrsregeln missachten Die Schweiz hat teilweise andere Regeln als die Nachbarländer. So darf man nur dort »parkieren«, wo es ausdrücklich erlaubt ist. Und alle Fahrzeuge müssen mit Licht fahren – auch am Tag.

47 In die Berge ohne passende Ausrüstung In der herrlichen Natur wird ein kurz geplanter Ausflug schon mal zu einer längeren Wanderung. Unbedingt vorher auf die notwendige Ausstattung achten und keine anspruchsvollen Strecken allein bewältigen. Im Winter herrscht Lawinengefahr, halten Sie sich an die markierten Strecken!

48 Zu direkte Ansprache »Ich bekomme …« im Restaurant wirkt unhöflich; besser ist »Ich hätte gerne …«. Schweizer sind sprachlich eher zurückhaltend und bescheiden – der Ton macht die Musik.

49 Die Deutsch-Schweizer Mundart nachahmen Allenfalls ein freundliches »Grüezi«, sofern es nicht wie »Grützi« klingt. Deutsche können Schweizerdeutsch oft nicht und wirken dann nur anbiedernd.

50 Sorglos mit dem Handy surfen In der EU wurden zwar die Roaminggebühren abgeschafft – da die Schweiz aber nicht dazuzählt, prüfen Sie besser vorher die Tarife Ihres Anbieters.

Die Gabel steht seit 2008 vor dem Ufer des Genfersees in Vevey

REISEPLANUNG & ADRESSEN

DIE REISEREGION IM ÜBERBLICK

Die Schweiz ist facettenreich wie kaum ein anderes Land in Europa. Praktisch alle Landschaftsformen mit Ausnahme des Meeres – vom Flachland über die Seenvielfalt bis hinauf zu den Gipfeln und Gletschern – sind hier auf kleinem Raum vertreten.

Hans Bock d. Ä. (1550–1624) schuf die Wandmalereien im Innenhof des Basler Rathauses

Im französischsprachigen Westen lädt zunächst das Gebiet um das internationale Genf und den **Genfersee** zum Verweilen ein. Französisch wird ebenfalls in dem seenreichen Gebiet gesprochen, das sich von **Fribourg** bis zu dem an Frankreich grenzenden **Jura** erstreckt.

Einen charakteristischen Querschnitt durch das Land erlaubt die Region von **Basel** über **Bern** bis ins **Berner Oberland**: Neben Basel, der Industriestadt mit der größten Museeumsdichte der Schweiz, und der Bundesstadt Bern (die Verfassung der Eidgenossenschaft kennt keine Hauptstadt) mit ihrer arkadengesäumten Altstadt umfasst das Gebiet weitere sehenswerte Orte wie etwa die Barockstadt Solothurn, das landschaftlich überaus reizvolle Emmental mit seinem berühmten Käse und die weithin bekannten Gipfel des Berner Oberlandes: Eiger, Mönch und Jungfrau.

Rund um die Bilderbuchstadt Luzern in herrlicher Lage am Vierwaldstättersee liegt die **Zentralschweiz,** die Wiege der Urschweiz, wo Uri, Schwyz und Nidwalden anno 1291 die Eidgenossenschaft begründeten. Die Region im **Nordosten,** mit **Zürich** als wirtschaftlichem Zentrum der Schweiz am gleichnamigen See, reicht bis nach Liechtenstein. Bekannte Orte sind Winterthur, Appenzell und vor allem St. Gallen mit seiner bedeutenden Stiftsbibliothek.

Als »Ferienecke der Schweiz« präsentiert sich die grandiose Bergwelt des Kantons **Graubünden**, der vor allem durch das noble St. Moritz oder die atemberaubenden Bahnstrecken von Albula Express und Glacier Express bekannt ist. Nicht nur in den südlichen Tälern des Bündnerlands, sondern vor allem im Kanton **Tessin** ist die Umgangssprache Italienisch. Die mediterrane Landschaft südlich der Wetterscheide am Sankt Gotthard mit den Flanierorten Ascona, Locarno und Lugano lockt viele Sonnenhungrige an. Eine Vielzahl von Viertausendern bietet das **Wallis**, allen voran das berühmte Matterhorn. Die Namen der schneesicheren Skiorte Zermatt und Saas-Fee lassen jeden Besucher ins Träumen geraten.

KLIMA & REISEZEIT

Entscheidenden Einfluss auf das Klima der Schweiz üben die Alpen in ihrer Funktion als europäische Wetterscheide aus.

Nördlich des Alpenhauptkamms bestimmen vor allem atlantische Einflüsse das Wetter; die Südseite dagegen hat Anteil am milderen und sonnigeren Mittelmeerklima. In den Randzonen der Alpen gibt es oft heftige Niederschläge, während die großen inneralpinen Täler wie das Wallis und das Engadin relativ trocken und sehr sonnig sind.

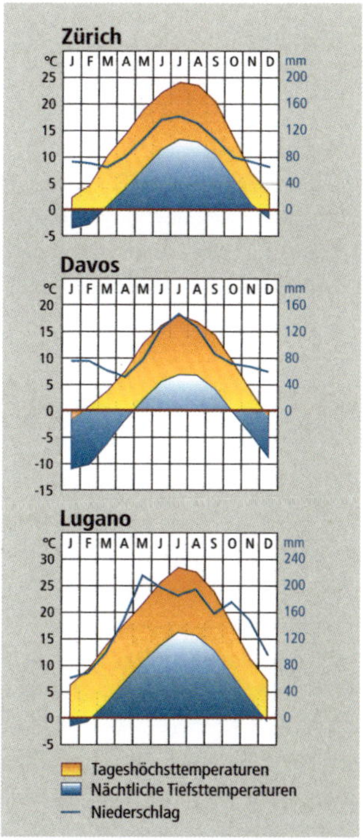

WANN WOHIN?

Wer sich v. a. für Geschichte und alte Gemäuer interessiert, bereist die Schweiz am besten vor oder nach der sommerlichen Hauptsaison – das schont auch den Geldbeutel.

Am Genfersee, im Wallis und im Tessin ist die Blütezeit im Frühling besonders reizvoll. Für Wanderer und Bergsteiger ist Juli bis September die günstigste Zeit.

Wintersportler treffen von Dezember bis April in den Bergen auf gute Schneeverhältnisse.

ANREISE

MIT DEM FLUGZEUG

Die internationalen Flughäfen Zürich-Kloten, Genf-Cointrin und EuroAirport Basel-Mulhouse-Freiburg werden u. a. von Swiss, Lufthansa und Austrian Airlines angeflogen; auch Lowcost-Airlines wie Eurowings und easyJet sind hier vertreten (Buchung z. B. unter www.ebookers.ch). Die größten Regionalflughäfen Bern, Lugano und St. Gallen-Altenrhein bedienen überwiegend kleinere Airlines. »Fly Rail Baggage«, ein Service der SBB und der Swiss, ermöglicht den Gepäcktransport vom Ausgangsflughafen direkt zum Bahnhof des Zielortes; bei der Rückreise ist der Check-in am Bahnhof möglich.

MIT DEM ZUG

Eurocity-, Intercity- und ICE-Züge bieten Verbindungen in alle größeren Städte der Schweiz. Der inzwischen unter österreichischer Federführung verkehrende Nachtreisezug Nightjet verkehrt von diversen deutschen und österreichischen Stadten direkt nach Basel und Zürich und ist (inkl. Anschlusszüge in der Schweiz) komplett ins internationale Buchungssystem der Deutschen Bahn integriert. Auf allen Linien konnen Fahrräder mitgeführt werden (www.nightjet.com).

MIT DEM AUTO

Vom Deutschland aus fährt man am schnellsten über die Autobahnen A5 Karlsruhe–Basel, A81 Stuttgart–Singen (Übergang Schaffhausen) oder A96 München–Lindau (über Bregenz). Der wichtigste Übergang von Österreich ist neben Bregenz die Straße von Landeck ins Engadin.

REISEN IM LAND

MIT ÖFFENTLICHEN VERKEHRSMITTELN

Die Schweiz verfügt über ein 29 000 km umfassendes öffentliches Verkehrsnetz mit Bahn-, Bus- und Schiffsverbindungen von 150 Transportunternehmen. Besucher mit Wohnsitz im Ausland können vom Swiss Travel System mit unbegrenzten Fahrausweisen für beschränkte Zeiträume profitieren.

Der **Swiss Travel Pass** erlaubt die freie Fahrt (Bahn, Schiff, Postbus) ab der Schweizer Grenze bzw. dem Flughafen zum Zielort, die freie Benutzung der öffentlichen Verkehrsmittel in über 90 Städten sowie freie Fahrten mit den Bergbahnen von Rigi, Schilthorn und Stanserhorn. Zudem hat man in über 500 Museen freien Eintritt. Er gilt 3, 4, 8 oder 15 zusammenhängende Tage und kostet zwischen 232 CHF (3 Tage) und 513 CHF (15 Tage).

Die Schweiz hat viele Traumstraßen – hier am Nordufer des Genfersees

Ermäßigungen gibt es für mehrere gemeinsam reisende Personen und für junge Menschen bis 26 Jahre. Der Swiss Travel Pass und andere Angebote können in DER-Reisebüros, an den Schaltern der Deutschen Bahn sowie bei Schweiz Tourismus bezogen werden (www.swisstravelsystem.com).

Mit dem **Halbtaxabo** (ähnlich der deutschen BahnCard) können beliebig viele Fahrkarten (Bahn, Postauto, Bergbahn, Schiff) zum halben Preis erworben werden. Preis pro Jahr: 185 CHF bzw. 165 CHF im direkt anschließenden Jahr. Das Abo wird auf die neue SwissPass-Karte gebucht (Passfoto notwendig).

Die Tickets für das gut ausgebaute Netz der gelben, liebevoll »Postauto« genannten **Überlandbusse** sind in das Ticketsystem der Bahn integriert und können daher direkt am Bahnhof oder online auf www.sbb.ch gebucht werden.

Auf den Schweizer Seen werden neben den regulären Kursschiffen im Sommer thematische Sonderfahrten angeboten. Eine besondere Attraktion sind die **historischen Raddampfer** v.a. auf dem Vierwaldstättersee und dem Brienzersee. Schiffe verkehren auch auf den Flüssen Rhein und Aare.

MIT DEM AUTO

Fahrzeugpapiere, Führerschein und Nationalitätskennzeichen (bzw. EU-Nummernschild) sind erforderlich. Die Autobahnvignette (bisher nur Jahresvignetten) kostet 40 CHF. Unter Tel. 140 erreicht man Tag und Nacht den Pannendienst.

Höchstgeschwindigkeit in geschlossenen Ortschaften ist 50 km/h, außerorts 80 km/h, auf Autobahnen 120 km/h. Es besteht Anschnallpflicht. Der zulässige Alkoholgrenzwert beträgt 0,5 Promille.

Folgende **Alpenpässe** sind von Mitte November bis Mitte Mai gesperrt: Albula, Flüela, Furka, Grimsel, Klausen, Lukmanier, Nufenen, Oberalp, Splügen, Susten, Umbrail. Die Pässe San Bernardino, St. Gotthard und Großer St. Bernhard sind durch Tunnel ganzjährig befahrbar; letzterer Tunnel ist mautpflichtig. Nähere Infos bekommt man beim TCS (Touring Club der Schweiz).

Touring-Club der Schweiz (TCS) B6

• Chemin de Blandonnet 4 | 1214 Vernier (nahe Genf) | Tel. 0844 888 111 | www.tcs.ch

GLÜCKSFALL SCHWEIZ

Den Schiffsausflug auf dem Brienzersee genießt Jonas Lorch ganz besonders

VOM LAND IN DIE STADT

Jonas Lorch ist ein Paradebeispiel für einen vom Land in die Stadt zugezogenen Zürcher. Vom Säuliamt zwischen Zürich und Zug ging es erst zum Studium nach Winterthur; heute »schafft« er in der Schweizer Wirtschaftsmetropole im IT-Umfeld.

Allerdings wohnt er mit seiner jungen Familie nicht in Zürich selbst, sondern in einem Vorort mit Blick auf die Bergwelt der Zentralschweiz. Von dort sind es nur 20 Minuten bis in die Stadtmitte, und in einer Stunde kann er in den Bergen beim Skifahren sein. »Ich bin immer in beiden Welten zu Hause und verbinde das urbane Kulturangebot mit dem ruhigen Leben auf dem Land.« In Zürich findet man Jonas oft auf Livekonzerten und gerne »mit Kollegen im Ausgang« (auf Hochdeutsch: mit Freunden auf Kneipentour). Der leidenschaftliche Wanderer und Wintersportler genießt vor allem »die Kleinräumigkeit der Schweiz, wo ich fast alle Orte mit einem Tagesausflug erreichen kann.«

JONAS LORCH EMPFIEHLT

- **die Zürcher Sternwarte, auch für einen guten Tropfen:** Die **Urania Sternwarte** ist immer einen Besuch wert. Unbedingt vorher ein Ticket besorgen, da die Anzahl der Besucher limitiert ist. Nach der Führung oben in der Jules Verne Bar etwas trinken gehen und die 360°-Panaromasicht auf die Zürcher Dächer genießen (Uraniastrasse 9, Tel. 043 317 16 40, www.urania-sternwarte.ch, Do–Sa 21, im Winter 20 Uhr).
- **für einen Blick auf weiß bedeckte Gipfel:** Mit der Rhätischen Bahn ins Engadin auf den **Berninapass** und von dort mit der Seilbahn bis zur **Bergstation Diavolezza.**

»Der Blick auf den Piz Bernina, den höchsten Berg der Ostalpen, den Piz Palü und den Morteratschgletscher ist einfach traumhaft.«

- **für einen Schiffsausflug auf dem Brienzersee:** Jonas ist ein Liebhaber der alten, hellgrünen Dampfschiffe auf dem Brienzersee, deren Farbe perfekt zum Türkis des Sees passt. Von der Anlegestelle Giessbach geht es mit der historischen Seilbahn bis zum **Hotel Giessbach** (www.giessbach.ch). »Von der sonnigen Terrasse hat man einen wunderbaren Blick auf die Giessbachfälle und den Brienzersee.«

LEIDENSCHAFT FÜR REGIONALE KULTUR

Die gebürtiger Luzernerin Irène Straub machte sich als Gesangspädagogin in der Zentralschweiz einen Namen und wurde durch die Musicalproduktionen des kleinen, aber feinen Le Théâtre im Luzerner Vorort Kriens landesweit als Sängerin bekannt. Daneben betätigt sie sich als Musik-Kinesiologin und Schmerz-Coach. Das inzwischen in Emmen bei Luzern ansässige Theater zieht längst auch internationalen Darsteller an, denen Irène gerne persönliche Tipps gibt.

Irène kann sich gar nicht vorstellen, woanders zu wohnen. »Ich hatte wirklich Glück, hier geboren zu werden, und habe hier einfach alles: Die Natur mit den Bergen, dem See, den Flüssen und Wäldern, die noch übersichtliche Stadtgröße, die Menschen. Das nenne ich Lebensqualität!« Begeistert ist sie außerdem von der regionalen Kleinkunstszene: »Hier gibt es viele Musik-, Theater- und Operettenvereine, die mit ihrem Herzblut tolle Produktionen auf die Bühne bringen!«

IRÈNE STRAUB EMPFIEHLT

- **als kulinarischen Geheimtipp:** Der **Rosstall** in Luzerns Nachbargemeinde Emmen ist eine kleine, romantische Oase abseits des Trubels. An lauen Abenden sitzt man im hübschen Garten, doch auch innen lädt der liebevoll dekorierte »Stall« zum Genießen ein. Kein Wunder, dass Irène dort jüngst ihren Geburtstag gefeiert hat (Buholzstrasse 12, 6032 Emmen, www.rosstall.ch, So, Mo geschl.)
- **für einen Ausflug mit Aussicht:** Irène wohnt am Fuß des **Pilatus** › S. 97 und genießt jeden Tag aufs Neue den Anblick der majestätischen Silhouette des Luzerner Hausbergs. Mit Gondel- oder Zahnradbahn kommt man bequem auf 2128 m Höhe, wo einen ein fantastisches Panorama des Vierwaldstättersees erwartet.
- **für einen versteckten Winkel in der Schweiz zum Entspannen:** Eine Wellnessoase besonderer Art ist das **Mineralbad & Spa Rigi Kaltbad**. Hoch geht's per Zahnrad- oder Luftseilbahn. Die moderne Anlage ist bei jedem Wetter ein Erlebnis und besonders eindrücklich, wenn man einen Wintertag mit Schnee und Nebelmeer erwischt. Im Außenpool mit Blick auf die Berge könnte man ewig verweilen (www.mineralbad-rigikaltbad.ch).

SPORT & AKTIVITÄTEN

Die Schweiz ist perfekt für aktive Ferien. Praktisch jeder touristisch interessante Ort bietet eine Vielzahl von Aktivitäten für Sommer und Winter – und das nicht nur für Sportler.

BERGSTEIGEN UND WANDERN

Bei rund 50 000 km markierten Wanderwegen ist für jeden etwas dabei, vom einfachen Spaziergang in lieblicher Landschaft bis zur mehrtägigen Hochgebirgstour. Wer nicht über ausreichende alpinistische Erfahrung verfügt, vertraue sich einem Führer an. Die Bergsteigerschulen des Landes veranstalten regelmäßig Kurse, auch für Anfänger. Ausgezeichnete Links zum Thema Wandern in der Schweiz bietet www.wandersite.ch.

FAHRRADFAHREN

»Velos« kann man an allen größeren Bahnhöfen der SBB mieten (www.rentabike.ch). In vielen Ferienregionen gibt es Mountainbike-Verleih. Spezielle Radwanderkarten sind beim Verkehrsclub der Schweiz erhältlich (Tel. 031 328 58 58, www.verkehrsclub.ch).

FLIEGEN UND BALLONFAHREN

An über 20 Flugplätzen kann man Alpenrundflüge buchen. Etwas teurer sind Ballonfahrten. Der Traum von einem Flug mit dem Gleitschirm oder Drachen lässt sich in der Schweiz ebenfalls verwirklichen. Es gibt zahlreiche Flugschulen und noch mehr Startplätze. Angeboten werden auch Tandemflüge mit »Pilot«.

GOLF

Einlochen kann man auf fast 100 Schweizer Plätzen, über die ein Golfplatzführer informiert, zu beziehen über www.swissgolfsnow.ch oder via **Schweiz Tourismus** › S. 153.

WASSERSPORT

Auf den größeren Seen kann man segeln, windsurfen, Wasserski fahren und rudern (120 Surfschulen, 60 Segel- und 35 Wasserskischulen). Bootsfahrten auf den wilden Wassern der Alpenflüsse (Saane, Simme, Vorderrhein, Inn, Lütschine u. a.) sind sehr beliebt. Lediglich mit einem Plastikuntersatz in Schlittenform treibt man beim Hydrospeed durch feuchte Schluchten.

Weniger Nervenkitzel, aber trotzdem viel Spaß bieten Wasserwanderungen im Kanu, beispielsweise auf den Flüssen Thur, Rhein, Aare, Reuss und Ticino. Infos bei Eurotrek in Zürich (Dörflistr. 30, Tel. 044 316 10 00, www.eurotrek.ch).

WINTERSPORT

Vielerorts gibt es geräumte Winterwanderwege, Schlittenbahnen und Eislaufbahnen. Zu Pferd, mit dem Pferdeschlitten oder mit Schneeschuhen kann man die Winterlandschaft erkunden. Skifahren ist von Dezember bis April möglich, auf manchen Pisten auch nachts.

DAS GIBT'S BEI KEINER OLYMPIADE

Freestyler im Schneeparadies

Aktivurlaub wird im Alpenland großgeschrieben. Hat man sich schon im Mountainbiken und Skaten versucht, will man vielleicht einmal auf einem Trottinett (Roller im Großformat) oder dem Velogemel (Fahrrad mit Kufen) davonsausen.

WINTERABENTEUER

- **Snowcart:** Die neue »Unterlage« für eine Abfahrt im stiebenden Schnee statt des herkömmlichen Schlittens: drei Kufen, Sitz, Lenkrad und – wie praktisch! – Bremsen. Infos bei Swiss Adventures D5 (Alpinzentrum Gstaad, Tel. 033 748 41 61, www.swissadventures.ch).
- **Snowscoot:** Wer sich auf dem Snowboard noch nicht so ganz sicher fühlt, sollte vielleicht diese Variante mit Haltegriff ausprobieren, z. B. bei Mountain Evasion D6 (Place de la Gare, 1865 Les Diablerets, Tel. 024 492 12 32, www.mountain-evasion.ch).
- **Velogemel:** Wenn der Postler in Grindelwald F5 mit diesem Schweizer Gefährt (halb Fahrrad, halb Schlitten) daherkommt, handelt es sich nicht um den neuesten Wintersportgag. Der Gemel wurde bereits 1911 hier erfunden, und es gibt sogar Weltmeisterschaften in dieser Disziplin (www.velogemel.ch).

IN LUFTIGEN HÖHEN

- **Indiana Jones Trail** D5: Ein Abenteuer wie geschaffen für alle, die bei den Indiana-Jones-Filmen am liebsten mitgemacht hätten. Der Tanz über die Himalaya-Seilbrücke erfordert einiges Geschick und der freie Fall in eine Schlucht stählerne Nerven, auch wenn man die ganze Zeit angeseilt bleibt (Alpinzentrum, 3780 Gstaad, Tel. 033 748 41 61, www.swissadventures.ch).

- **Parc Aventure** C6: Dieser Erlebnispark für »toute la famille« lässt den Adrenalinspiegel der Erwachsenen leicht ansteigen und macht den Kids jede Menge Spaß. Mut und Geschicklichkeit gehören schon dazu, um zwischen den Baumwipfeln nicht das Gleichgewicht zu verlieren (1860 Aigle, Tel. 024 466 30 30, www.parc-aventure.ch; April bis Juni, Sept. bis Okt. Mi–Fr 13–18, Sa/So 10–18, Juli/Aug. tgl. 9–19 Uhr).

ALLES ROLLT

- Die Schweiz bietet unzählige Möglichkeiten für **Inlineskater**. Wie wär's beispielsweise mit einer dreitägigen Tour von Sierre nach Vevey oder von Kreuzlingen am Bodensee nach Bad Ragaz oder gar mit einer fünftägigen Tour von Zürich durchs Mittelland nach Estavayer-le-Lac? (Schweiz mobil, Spitalgasse 34, 3011 Bern, Tel. 031 318 01 28, www.schweizmobil.ch)

Auf Inlinern durch die Schweiz

- Die andere Art zu reisen bietet ein gemütlicher Treck mit dem **Planwagen** über die Jurahöhen. Man lernt Ziegen zu melken, Ponys zu reiten und die Angelrute auszuwerfen (Eurotrek, Dörflistr. 30, 8057 Zürich, Tel. 044 316 10 00, www.eurotrek.ch).
- **Wunderland** G/H2: Wo einst die Sulzer-Schiffsturbinen zusammengebaut wurden, ist heute der Bär los: Rollerpark mit Rundkurs, Kletterhalle, Beachvolleyballfeld und Kletterturm – selbst das Bistro mit Internetanschluss fehlt nicht (Steigstr. 5, 8406, 8400 Winterthur, Tel. 052 204 07 00, www.wunderland.ch; tgl. 10 bis 18.30 Uhr).
- **Trottinett:** Der Roller aus Opas Zeiten feiert sein Comeback – jetzt sogar mit Elektroantrieb. Zu mieten an zahlreichen Bahnhöfen der Rhätischen Bahn in Graubünden, Prospekt mit der »Reiseroute« inklusive (Rhätische Bahn, Tel. 081 288 65 65, www.rhb.ch).

AUF JACK LONDONS SPUREN

- Mit Schneeschuhen, Huskys und Schlitten kann man auf einer zweitägigen Tour die Berglandschaft des Gantrisch südlich von Bern kennenlernen – ein wahres Wintermärchen. Übernachtet wird im Berghotel Gurnigel E5 (Tel. 032 636 36 61, www.berg-event.ch).

UNTERKUNFT

Die Schweiz hat ein breites Angebot von Familienhotels bis hin zu Luxustempeln. Günstiger wohnt es sich in Pensionen und in Touristenlagern in den alten Kurhäusern.

HOTELS

Das Niveau der Schweizer Hotels ist hoch. Die dem Schweizer Hotelier-Verein (SHV) angeschlossenen Häuser sind mit einem bis fünf Sternen klassifiziert. Die Übernachtungspreise enthalten meist Frühstück, Bedienung und Steuern. Viele Häuser bieten günstige Pauschalarrangements an. Unterkunftsverzeichnisse der Regionen und den »Schweizer Hotelführer« bezieht man über **Schweiz Tourismus** > S. 153; Bed-&-Breakfast-Angebote über www.bnb.ch. Einfache, gemütliche Hotels listet **Swiss Charme Hotels** (Tel. 031 992 40 20, www.rooms.ch). Einen Führer für barrierefreie Unterkünfte hält **Procap** bereit (Tel. 062 206 88 88, www.procap.ch). Für besondere Unterkünfte > Seitenblick S. 46.

BERGHÜTTEN

Entschleunigen, abschalten, offline gehen – nichts wäre dafür besser geeignet als eine der vielen Berghütten in den Schweizer Alpen. Übernachten in den Bergen ist auch eine Reise zu sich selbst und in die Vergangenheit der Alpenwelt. Beim Verein **Schweizer Hütten** kann man sogar mitarbeiten (www.schweizer-huetten.ch). Urige Hütten im Berner Oberland vermietet der **Yeti** (Tel. 079 311 14 47, www.yeti.ch).

FERIENWOHNUNGEN

Über das große Angebot an Ferienwohnungen, auch auf Bauernhöfen, informieren die örtlichen Tourismusbüros. Der Verein **Agrotourismus Schweiz** vermittelt Angebote für Ferien auf dem Bauernhof (www.bauernhof-ferien.ch).

DIE PRÄCHTIGSTEN HOTELS

- Ganz in Gelb erstrahlt das bei Prominenten beliebte **Fairmont Le Montreux Palace.** > S. 60
- Das wohl beste Stadthotel der Schweiz ist **Les Trois Rois** direkt am Rheinufer in Basel. > S. 78
- Freien Blick auf die Jungfrau und ein ausgezeichnetes Spa bietet das **Victoria-Jungfrau** in Interlaken. > S. 87
- Am Jakobsweg in Flüeli-Ranft bei Sarnen liegt das Jugendstilhotel **Paxmontana.** > S. 92
- Das **Dolder Grand** blickt vom Waldrand auf Zürich herab und glänzt nach langer Renovierung, ohne überlaufen zu sein. > S. 107
- Das seit 100 Jahren privat geführte **Waldhaus** in Sils lädt zur komfortablen Übernachtung und zum Teegenuss im Wintergarten ein. > S. 123

Prächtig geschmückte Kühe bei der herbstlichen Alpabfahrt

LAND & LEUTE

STECKBRIEF

- **Fläche:** 41 293 km² (etwa ein Zehntel der Größe Deutschlands)
- **Bundesstadt (Regierungssitz):** Bern (134 000 Einw.)
- **Größte Stadt:** Zürich (410 000 Einw.)
- **Kantone:** 26 (einschließlich 6 Halbkantone)
- **Nationalfeiertag:** 1. August
- **Einwohnerzahl:** 8,5 Mio.; Ausländeranteil 25 %
- **Sprachen:** Deutsch, Französisch, Italienisch, Rätoromanisch
- **Religion:** meist römisch-katholisch und evangelisch-reformiert; kleiner Anteil an Freikirchen und anderen Religionen

- **Höchster Punkt:** Dufourspitze (Monte Rosa), 4634 m
- **Landesvorwahl:** 0041
- **Währung:** Schweizer Franken (SFr oder CHF)
- **Zeitzone:** MEZ

LAGE

Die Schweiz grenzt auf insgesamt 1881 km Länge im Westen an Frankreich, im Norden an Deutschland, im Osten an Österreich und Liechtenstein und im Süden an Italien. Die Nähe zu den Nachbarstaaten spiegelt sich auch in den unterschiedlichen Landessprachen wider. Als neutraler Staat ist die Schweiz kein Mitglied der Europäischen Union, aber seit Dezember 2008 Teil des Schengen-Raums.

STAAT UND POLITIK

Die Schweizerische Eidgenossenschaft (Confoederatio Helvetica) gliedert sich in 23 Kantone, von denen drei – Basel, Appenzell und Unterwalden – in Halbkantone unterteilt sind: Zürich, Bern, Luzern, Uri, Schwyz, Unterwalden (Obwalden und Nidwalden), Glarus, Zug, Fribourg/Freiburg, Solothurn, Basel (Basel-Stadt und Basel-Landschaft), Schaffhausen, Appenzell (Innerrhoden und Ausserrhoden), St. Gallen, Graubünden, Aargau, Thurgau, Tessin/Ticino, Waadt/Vaud, Wallis/Valais, Neuchâtel/Neuenburg, Genève/Genf und (seit 1978) Jura.

Nach der Bundesverfassung von 1999 ist die Alpenrepublik ein Bundesstaat mit stark föderalistischen Zügen. In den Kompetenzbereich des Bundes fallen nur die ausdrücklich in der Verfassung verankerten Aufgaben wie Außenpolitik, Militär, Zölle, Post und Sozialversicherung. Die Kantone sind unter anderem für das Schul- und Kirchenwesen, die Polizeiorganisation sowie das Gesundheitswesen zuständig; daneben haben sie auch die Steuerhoheit.

Die gesetzgebende Gewalt liegt in den Händen der vereinigten Bundesversammlung, die sich aus zwei Kammern zusammensetzt und von allen über 18 Jahre alten Schweizer Bürgern gewählt wird. Die 200 Sitze im Nationalrat werden im Verhältnis der Einwohnerzahl unter den Kantonen verteilt; in den Ständerat hingegen entsendet jeder Kanton zwei Abgeordnete. Für eine Beschlussfassung ist die Zustimmung beider Kammern erforderlich.

Die Exekutive (Regierung) der Schweiz ist der Bundesrat, der ebenfalls seinen Sitz in Bern hat. Er besteht aus sieben Mitgliedern und wird von der Bundesversammlung für jeweils vier Jahre gewählt. Vorsitzender ist der Bundespräsident, den die Bundesräte aus ihrer Mitte für jeweils ein Jahr wählen.

WIRTSCHAFT

Wenn die Eidgenossenschaft gemessen am Bruttoinlandsprodukt heute eines der reichsten Länder der Erde ist, so verdankt sie dies bestimmt nicht nur – wie böse Zungen gelegentlich behaupten – den Schwarzgeldern aus fünf Kontinenten. Stabile politische Verhältnisse und eine harte Währung tragen allen aktuellen Entwicklungen zum Trotz zur Attraktivität des Finanzplatzes Schweiz bei. Gerade der Dienstleistungssektor (Banken, Versicherungen, Tourismus) wurde zu einer Hauptsäule der Wirtschaft.

Dass die Schweiz auch zu den am höchsten industrialisierten Ländern zählt, hat mit dem Fleiß und der Findigkeit der Eidgenossen zu tun, deren durchschnittliche Wochenarbeitszeit immer noch 40 Stunden beträgt. Die Verarbeitung von importierten Rohstoffen zu hochwertigen Fertigprodukten bringt allerdings eine starke Exportabhängigkeit mit sich. Nicht umsonst tritt die Schweiz als Mitglied der Europäischen Freihandelszone (EFTA) und des Allgemeinen Zoll- und Handelsabkommens (GATT) für freien Handel ein und ist erklärte Gegnerin aller protektionistischen Handelsschranken.

Wichtigste Industriezweige sind die chemisch-pharmazeutische Industrie (Basel), der Maschinenbau (Zürich, Winterthur, Baden), die Uhren- und Schmuckindustrie (Jura, Genf) sowie die Textilindustrie (Ostschweiz, Zürich). Bedeutendstes Produkt der Landwirtschaft ist die Milch: Schweizer Käse und Schokolade genießen Weltruf.

Käse ist ein wichtiges Wirtschaftsgut

GESCHICHTE IM ÜBERBLICK

Ab 4000 v. Chr. An den Seen des Mittellandes entstehen Pfahlbausiedlungen.

Ab 400 v. Chr. Die Räter wandern in die südöstlichen Landesteile ein; zwischen Bodensee und Genfersee siedeln die keltischen Helvetier.

15 v. Chr. Die Römer erobern den Alpenraum.

5.–11. Jh. Nach dem Abzug der Römer beherrschen Burgunder im Westen und Alemannen bzw. Schwaben im Osten das Terrain.

1033 Die Westschweiz wird, wie bereits der schwäbische Bereich, Teil des Heiligen Römischen Reiches Deutscher Nation.

1291 Im Kampf gegen die Hausmachtpolitik der Habsburger schließen die drei »Waldstätte« Uri, Schwyz und Unterwalden am 1. August den »Ewigen Bund« und gründen die Eidgenossenschaft.

1315 Sieg am Morgarten über das habsburgische Heer.

1322 Luzern schließt sich als erste Stadt dem Bund an.

1351–1353 Zürich, Glarus, Zug und Bern treten dem Bund bei.

1367–1471 In Rätien schließt sich das Volk zu drei Bünden gegen den Adel zusammen.

1481–1513 Mit Fribourg, Solothurn, Basel, Schaffhausen und Appenzell vergrößert sich die Eidgenossenschaft auf 13 Orte.

1515 Nach einem gescheiterten Feldzug gegen die Franzosen proklamieren die Eidgenossen absolute Neutralität.

1523–1528 Von Zürich aus breitet sich die Reformation aus. Schaffhausen, Basel, Bern, St. Gallen und Graubünden treten dem neuen Glauben bei, katholisch bleiben die vier Waldstätte (die drei Urkantone und Luzern) sowie Zug, Fribourg und Solothurn.

1536 Bern erobert die Waadt. Calvin verbreitet in Genf seine Reformen.

1618–1648 Während des Dreißigjährigen Krieges bleibt die Schweiz neutral. Im Westfälischen Frieden wird ihre Souveränität anerkannt.

1798 Die Schweiz wird durch Napoleon erobert und in einen Einheitsstaat nach französischem Vorbild umgewandelt, die sog. Helvetische Republik.

1815 Nach dem Sturz Napoleons wächst die Eidgenossenschaft mit Genf, Neuchâtel und dem Wallis auf 22 Kantone an.

1848 Dank neuer Verfassung wird die Schweiz Bundesstaat.

1914–1918/1939–1945 In den Weltkriegen bleibt das Land neutral.

1971 Einführung des Frauenwahlrechts auf Bundesebene.

1978 Gründung des Kantons Jura.

2002 Beitritt zur UNO.

2007 Der Lötschberg-Basistunnel (Eisenbahn mit Autoverladung) verkürzt die Reisezeit ins Wallis.

2008 Vollzug des Schengener Abkommens.

2011 48 Schweizer Fundstellen historischer Pfahlbauten werden UNESCO-Weltkulturerbe.

2014 Der Volksentscheid für eine Begrenzung des Zuzugs von Ausländern wird mit hauchdünner Mehrheit angenommen.

2015 Die Aufhebung der Bindung an den Euro verteuert den Franken für Urlauber erheblich.

2016 Im Dezember wird der reguläre Bahnbetrieb durch den 57 km langen Gotthard-Basistunnel aufgenommen.

2019 Das Schweizer Stimmvolk stimmt für die EU-konforme Verschärfung des Waffengesetzes.

DIE MENSCHEN

Die Schweiz hat 8,5 Mio. Einwohner, was etwa 206 Einwohnern pro Quadratkilometer entspricht. Dieser Mittelwert sagt aber nichts über die sehr unterschiedliche Verteilung aus.

So leben in den vier Bergkantonen Uri, Graubünden, Tessin und Wallis, die zusammen etwa 40 % der Landesfläche ausmachen, nur knapp 10 % der Bevölkerung. Die weniger gebirgigen Landesteile weisen dagegen Bevölkerungsdichten zwischen 213 (Thurgau) und 543 (Basel-Landschaft) Einw./km^2 auf. Der Anteil der ausländischen Bevölkerung beträgt gut 20 %.

SPRACHEN IN DER SCHWEIZ

Bereits über Jahrhunderte hinweg ist es der Schweiz gelungen, vier Sprachregionen mit ihren jeweiligen kulturellen Eigenheiten ohne schwerwiegende Konflikte unter einen Hut zu bringen. 65,6 % der Bevölkerung sprechen Deutsch, 22,8 % Französisch, 8,4 % Italienisch und ein halbes Prozent Räto-

DEMOKRATIE UNTER FREIEM HIMMEL

Wenn die schweizerische Demokratie im Ausland immer wieder als einmalig gerühmt wird, so hat dies seinen Grund auch in einer uralten Einrichtung: der **Landsgemeinde**. Noch heute treffen sich in den Kantonen Appenzell-Innerrhoden, Glarus und Obwalden die stimmberechtigten Bürger (und inzwischen auch die Bürgerinnen) auf dem Dorfplatz, um ihre Vertreter zu wählen und über Sachfragen abzustimmen.

Was an diesem Beispiel aus der politischen Praxis so augenfällig wird, macht den Unterschied zwischen der schweizerischen und anderen Demokratien deutlich: die direkten Einflussmöglichkeiten des Bürgers auf Gemeinde-, Kantons- und Bundesebene bei Abstimmungen und Initiativen. Das hat mitunter einen etwas bedächtigeren Gang der Dinge zur Folge, hält die Politiker aber wirkungsvoll von gefährlichen Höhenflügen ab.

romanisch. Die übrigen Einwohner geben andere Muttersprachen an. In der Ost-, Nord- und Zentralschweiz wird Schwyzerdütsch gesprochen, das aus dem Alemannischen hervorgegangen ist und innerhalb der verschiedenen Landesgegenden verblüffend stark variiert. Französisch ist die Sprache der Westschweiz, während im Kanton Tessin das Italienische vorherrscht. Rätoromanisch, ein vom Italienischen nicht beeinflusstes Volkslatein, wird nur noch in einigen abgelegenen Tälern Graubündens gesprochen, gilt aber seit 1938 offiziell als vierte Landessprache.

Die Deutschschweizer Orthografie kennt kein »ß«, weshalb man z. B. Zürichs Einkaufsmeile Bahnhofstrasse schreibt und nicht Bahnhofstraße.

BRAUCHTUM

Auch im Computerzeitalter wird in der Schweiz altes Brauchtum liebevoll gepflegt – und das keineswegs nur der Fremden wegen. Man braucht dabei nicht gleich an folkloristische Höhepunkte wie die Basler Fasnacht oder das Zürcher Sechseläuten zu denken; im umfangreichen Brauchtumskalender haben die vielen Trachten-, Sänger- und Schützenveranstaltungen ebenso ihren Platz wie die sommerlichen Schwingwettbewerbe, bei denen sich die Männer in einer Art Ringkampf üben, oder die Alpfeste mit lustigem Kirchweihbetrieb samt Alphornblasen und Fahnenschwingen. Auch die Alpfahrt – wenn im Frühsommer das Vieh auf die höher gelegenen Weiden getrieben wird – ist mancherorts Anlass zu einem Fest.

Stark traditionell geprägt ist die Bevölkerung vor allem in den katholischen Landesgegenden, was besonders in den stimmungsvollen Prozessionen, etwa zu Fronleichnam (z. B. in Mendrisio, Fribourg oder im Lötschental), zum Ausdruck kommt.

NATUR & UMWELT

DIE GEBIRGE

Die geografische Gliederung der Schweiz zeigt drei große Landschaftsräume. Fast zwei Drittel der Bodenfläche nehmen die Alpen ein, die das Land von Südwesten nach Nordosten durchziehen. Auf die im nordwestlichen Grenzgebiet zu Frankreich liegenden Höhenzüge des Jura entfällt etwa ein Sechstel. Das von diesen beiden Gebirgen umrahmte, dicht besiedelte und relativ flache Mittelland erstreckt sich vom Lac Léman (Genfersee) bis zum Bodensee.

Die von Rhone und Vorderrhein gebildete Längsfurche zerschneidet die Alpen in zwei Hauptketten mit mehreren Gruppen. Westlich des Rhonedurchbruchs erheben sich zunächst die **Savoyer Alpen** (Dents du Midi, 3257 m) und anschließend die lang gestreckten **Berner Alpen,** die im Westen vorwiegend aus Kalk (Les Diablerets, 3210 m), östlich des Lötschenpasses hingegen aus Granit und Gneis bestehen. Das stark vergletscherte Aaremassiv bildet hier die gewaltigste Massenerhebung der gesamten Nordalpen (Aletschhorn, 4195 m; Finsteraarhorn, 4274 m; Jungfrau, 4158 m).

Noch größere Höhen erreicht die südliche Kette, die im Westen mit den **Walliser Alpen** beginnt. Aus ihren mächtigen, vergletscherten Kämmen ragen die höchsten Gipfel der Schweiz empor (Dufourspitze im Monte-Rosa-Massiv, 4634 m; Dom, 4545 m; Matterhorn, 4478 m; Dent Blanche, 4357 m).

Das tief eingeschnittene Val Antigorio trennt die Walliser von den **Tessiner Alpen** (Basodino, 3273 m), denen sich im Osten die Adulagruppe (Rheinwaldhorn, 3402 m) anschließt. In den **Rätischen Alpen** schließlich gewinnt die Südkette an Breite; sie erreicht hier im Berninamassiv nochmals an die 4000 Höhenmeter.

Die meisten der zahlreichen Alpengletscher sind in den letzten 100 Jahren arg geschrumpft. Eindrucksvoll ist immer noch der Große Aletschgletscher, dessen Ausmaße (Länge gut 22 km, Fläche knapp 82 km²) in Mitteleuropa unübertroffen sind.

Das **Schweizer Mittelland**, das sanft gegen die Alpen ansteigt, wird im Nordwesten vom **Jura** begrenzt, dessen auf über 1600 m ansteigender Rücken in einem weiten Bogen von der Rhone nach Nordosten hin verläuft. Das rund 200 km lange Massiv erstreckt sich bis zum Rhein.

FLÜSSE UND SEEN

Mit Ausnahme des Inn, dessen Quellgebiet im Oberengadin liegt, entspringen alle wichtigen Flüsse im Gotthardmassiv. Eine geografische Kuriosität bildet die doppelte Wasserscheide am Alpenpass Lunghin (2645 m) im

ALPINE PFLANZEN- UND TIERWELT

Wanderer und Bergsteiger erfreuen sich an der herrlichen, überaus artenreichen Alpenblumenflora, die sich bis hinauf in die Regionen des ewigen Schnees behauptet. Jeder Einzelne kann etwas dazu beitragen, dass dies auch so bleibt: anschauen, sich freuen, aber bitte nicht pflücken! Viele Pflanzen stehen zudem unter strengem Naturschutz, so z. B. das Edelweiß, die verschiedenen Enzianarten, das Kohlröschen, die Feuerlilie, die Alpen-Akelei und das Alpen-Mannstreu.

Gämsen und Murmeltiere sind in den Schweizer Alpen stark verbreitet, auch die Zahl der Steinböcke hat in letzter Zeit wieder erheblich zugenommen. Sehr selten zu sehen ist der Steinadler; durch gezielte Maßnahmen konnte dagegen der Luchs wieder heimisch gemacht werden.

Engadin; hier fließt das Wasser von einem eng begrenzten Gebiet aus in die Nordsee, ins Schwarze Meer und ins Mittelmeer: Aare, Reuss und Rhein vereinigen sich bei Brugg bzw. Waldshut und fließen der Nordsee zu. Ins Mittelmeer münden die Rhone, am Oberlauf auch Rotten genannt, und der Ticino, der über den Po in die Adria fließt. Die Wasser des Inn schließlich strömen in die Donau und gelangen so ins Schwarze Meer.

Besonders reizvoll sind die vielen kleinen und größeren Seen. Mit einer Fläche von 581 km² (Anteil der Schweiz 370 km²) ist der Lac Léman (Genfersee) das größte unter den rund 600 Binnengewässern des Landes. Noch bekannter ist wohl der aus sieben Becken zusammengesetzte Vierwaldstättersee (114 km²). Brienzersee und Thunersee (29 bzw. 48 km²) sind nur durch das Schwemmdelta der Lütschine getrennt. Im Nordosten hat die Schweiz einen Anteil am 537 km² großen Bodensee, im Süden am Lago Maggiore (212 km²) und am Lago di Lugano (Luganersee, 48,7 km²). Die bedeutendsten Seen des Mittellands sind der Lac de Neuchâtel (Neuenburgersee, 216 km²), der Zürichsee (89 km²), der Bielersee (39 km²) und der Zugersee (38 km²).

KUNST & KULTUR

ARCHITEKTUR

Besonders augenfällig sind nachbarliche Einflüsse in der Baukunst des Mittelalters, jener Zeit also, in der sich die Eidgenossenschaft erst allmählich formierte. Von großer Bedeutung war in der Westschweiz der Reformorden von Cluny, wie u. a. die Klosterkirchen von Payerne und Romainmôtier belegen. In der deutschen Schweiz sind Einflüsse aus dem süddeutschen Raum unverkennbar, z. B. in Bern, wo der Münsterbau 1421 unter Leitung des Ulmers Matthäus Ensinger begonnen wurde. Das Tessin gehörte seit jeher zum lombardischen Kulturkreis; italienisch geprägte Bauwerke entstanden aber auch nördlich der Alpen (Ritterscher Palast in Luzern, Münster in Zürich). Die Kirchenarchitektur erlebte in der Barockzeit eine einzigartige Blüte; Klöster erstanden in neuer Pracht, darunter Einsiedeln, St. Gallen und St. Urban.

Richtungweisend für das 20. Jh. war **Le Corbusier** (1887–1965); zu den bekanntesten zeitgenössischen Architekten gehören der Tessiner **Mario Botta** (geb. 1943) und das Basler Duo **Jaques Herzog** und **Pierre de Meuron** (beide geb. 1950).

MALEREI UND BILDHAUEREI

Zur Zeit des Rokoko gewann die Malerei in der Schweiz ungeheures Ansehen. Im 18. Jh. gehörte es in der besseren Gesellschaft zum guten Ton, sich porträtieren zu lassen. Zentrum des gesellschaftlichen Lebens war Genf, im

Moderne sakrale Baukunst – Mario Bottas Chiesa di San Giovanni Battista im Tessin

19. Jh. verlagerte sich die Malerszene nach Basel. Im Basler Kunstmuseum können die mythologischen Szenen und Darstellungen von Sagengestalten des Symbolisten **Arnold Böcklin** (1827–1908) ausführlich bewundert werden. Als Begründer der modernen Malerei in der Schweiz gilt der Symbolist **Ferdinand Hodler** (1853–1918). Charakteristisch für ihn sind Hochgebirgslandschaften, historische Themen sowie Holzfällermotive in kantiger Malweise.

Eine Sonderstellung nimmt **Paul Klee** (1879–1940) ein, der dem Expressionismus und Surrealismus nahestand, immer jedoch einen individuellen, unverwechselbaren Stil pflegte. Auf die Kunst des 20. Jhs. hatte er großen Einfluss. Den besten Überblick über seine Schaffensperioden bietet das Zentrum Paul Klee in Bern › S. 84.

Bedeutend für die Kunst ab 1950 sind die abstrakten Gemälde und Bildhauerarbeiten von **Max Bill** (1908–1994). Bekannter jedoch wurden die Brüder Alberto und Pietro Giacometti, Söhne des Malers

BAUERNHÄUSER

Aus der Schweizer Kulturlandschaft nicht wegzudenken ist natürlich das Bauernhaus, das sich – den äußeren Bedingungen angepasst – in den einzelnen Landesteilen sehr unterschiedlich entwickelt hat. Besonders im Emmental ist das stattliche Berner Haus mit seinem mächtigen, vorkragenden Walmdach und den meist geraniengeschmückten Balkonen verbreitet; auch dem härtesten Winter trotzt das Engadiner Haus, dessen dicke, oft bemalte Mauern nur kleine, tief sitzende Fenster aufweisen.

Giovanni Giacometti. Typisch für **Alberto Giacometti** (1901–1966) sind die bis ins Groteske lang gezogenen, zur Stabform reduzierten Menschenfiguren; die Arbeit seines Bruders repräsentiert neuzeitliches Kunstdesign wie Möbelobjekte. Aus der Szene der Schweizer Gegenwartskunst sind die kinetischen Kunstwerke des Zeichners und Bildhauers **Jean Tinguely** (1925–1991) nicht wegzudenken. Der Basler, in dessen Heimatstadt viele seiner monumentalen Bewegungsplastiken stehen, karikiert mit seinen motorbetriebenen Eisenkonstruktionen die Abhängigkeit des modernen Menschen von der Technik.

Den besten Überblick über die zeitgenössische Schweizer und internationale Kunstszene bietet die wichtige Kunstmesse **Art Basel** (Mitte Juni; www.artbasel.com).

LITERATUR

Zu den bedeutendsten Dramatikern der Nachkriegszeit zählt **Friedrich Dürrenmatt** (1921–1990; › S. 68), dessen Theaterstücke lange zum festen Repertoire deutschsprachiger Bühnen gehört haben. **Max Frisch** (1911 bis 1991) wurde mit »Homo Faber«, »Andorra« und »Stiller« bekannt. Bedeutend unter den Altmeistern der modernen Literatur sind auch **Ulrich Becher** (1910–1990) und **Adolf Muschg** (geb. 1934). **Peter Bichsel** (geb. 1935) wurde mit den Vorstadtminiaturen »Eigentlich möchte Frau Blum den Milchmann kennenlernen« und dem Roman »Die Jahreszeiten« bekannt. Erfolgreichster Schriftsteller der Gegenwart ist der mehrfache Preisträger **Martin Suter** (geb. 1948). Unter den Schriftstellerinnen sind **Erika Burkart** (1922–2010), **Gertrud Leutenegger** (geb. 1948) und **Zoë Jenny** (geb. 1974) zu erwähnen.

Basler Fasnacht

FESTE & VERANSTALTUNGEN

Die enorme Bedeutung, die das regionale Brauchtum in der Schweizer Bevölkerung genießt, spiegelt sich auch im jährlichen Veranstaltungskalender wider.

FESTKALENDER

Januar: Greiflet in Schwyz (6.1.): Volksbrauch zur Fasnachtseröffnung.

Schlitteda in verschiedenen Orten des Engadins (u. a. in St. Moritz): Pferdeschlittenfahrt.

Februar: Fasnachtsveranstaltungen finden zahlreich im ganzen Land statt, z. B. der »Rabadan« in Bellinzona, der »Fritschi-Umzug« in Luzern oder die »Tschäggätta« im Lötschental.

März: Chalandamarz im Engadin (1. 3.): Mit großen Kuhglocken vertreiben die Dorfjungen die bösen Geister.

Die **Basler Fasnacht** mit dem »Morgestraich« und dem Umzug der »Cliquen« wird vom Montag nach Aschermittwoch bis zum folgenden Mittwoch gefeiert.

April: Sechseläuten in Zürich (Nachmittag des dritten Montags im April): Die Verbrennung der Strohpuppe »Böögg« als Symbol des Winters soll den Frühling einläuten; großer Umzug der Zünfte.

Mai: Auffahrts-Umritt in Beromünster (Christi Himmelfahrt): Das Umschreiten des Besitzes bannt böse Geister.

Juni: Fronleichnams- und Segenssonntagsprozession im Lötschental.

Art Basel, eine der bedeutendsten Kunstmessen der Welt (www.artbasel.com).

Juli: Schwing- und Älplerfeste, u. a. an der Rigi.

Schäferfest (letzter Sonntag) auf der Gemmi (Kandersteg).

Engadin Festival (bis Mitte August; www.engadinfestival.ch).

Paléo: Openair-Rock- und Folkfestival in Nyon (www.paleo.ch).

Montreux Jazz Festival mit internationalen Top Acts > **S. 59.**

August: Bundesfeiern, z. T. mit Feuerwerk und Höhenfeuern (1.8.).

Fêtes de Genève: Stadtfest mit Feuerwerk in Genf (www.fetesdegeneve.ch).

Lüderen-Chilbi (zweiter Sonntag): Alpfest im Emmental.

September: Chästeilet in Hasliberg, Sigriswil und Schwanden: Bei diesem Volksfest wird der Käseertrag des Sommers symbolisch unter den Bauern geteilt.

Knabenschießen in Zürich (zweites Wochenende im September): Wettschießen der Jugend.

Winzerfeste, u. a. in Neuchâtel und am Thunersee.

Oktober: Bénichon de la montagne in Charmey (Fribourg, 2. Wochenende): Folklorefest mit Heuwagenrennen.

November: Die **Basler Herbstmesse** ist der älteste und größte Jahrmarkt der Schweiz.

Zibelemärit in Bern (vierter Montag im November): Zwiebelmarkt und Volksfest.

Dezember: Nikolaus-Umzüge, u. a. in Beckenried, Fribourg, Bulle.

Chlausjagen (auch »Klausjagen«) in Küssnacht am Rigi: Lärmender Umzug, dem die »Iffelträger« mit ihren riesigen, an Bischofsmützen erinnernden Kopfbedeckungen sein ganz besonderes Gepräge verleihen (6.12.).

ESSEN & TRINKEN

Schweizer Köche stehen in internationalen Gourmetkreisen in höchsten Ehren, und auch zu Hause weiß man lukullische Freuden zu schätzen. Von den Zürchern heißt es, ihre liebste Freizeitbeschäftigung sei das Essengehen – und angesichts der stets gefüllten Restaurants in der Limmatstadt ist man durchaus geneigt, dem Glauben zu schenken.

ALLES KÄSE

Ein typisches Landesgericht ist das **Fondue,** das am besten schmeckt, wenn es draußen recht kalt ist, regnet oder schneit. Dann sitzt man gemütlich um den heißen Steinguttiegel, das *caquelon,* und tunkt mit langen Gabeln Brotbröckchen in den geschmolzenen Käse.

Aus dem Wallis stammt das **Raclette.** Hier werden von einem erhitzten Käsestück beim Zerlaufen kleine Portionen heruntergeschabt (*racler* = schaben) und zusammen mit Pellkartoffeln gegessen.

Man braucht den Käse natürlich nicht erst zu schmelzen, um ihn schmackhaft zu finden! Emmentaler – in Deutschland oft einfach »Schweizer Käse« genannt – und Appenzeller sind wohl jedem ein Begriff, auch der Gruyère (Greyerzer) ist bekannt. Tessiner Spezialitäten sind die Formaggini, aus Ziegenmilch hergestellte kleine Frischkäse, sowie verschiedene Bergkäse wie der Piora. Eine Spezialität des Berner Oberlandes ist der Hobelkäse, ein mindestens zwei Jahre gereifter Alpkäse, der in dünne Scheiben gehobelt und gerollt serviert wird.

Käsewähe nennt man die kleinen, mit Käse überbackenen Blechkuchen in der Schweiz

VON RÖSTI UND POLENTA

Bei allen beliebt ist das »Zürcher Geschnetzelte«, zartes Kalbfleisch in feiner Sahnesoße. Etwas für beherzte Esser ist hingegen die »Berner Platte«, ein Schlachtteller mit Sauerkraut oder Bohnen und Salzkartoffeln. Ebenfalls aus dem Kanton Bern kommt die Rösti aus fein geriebenen Kartoffeln, manchmal mit Speckwürfeln verfeinert.

Vorzüglich sind auch die **Suppen,** etwa die Basler Mehlsuppe, die gehaltvolle Bündner Gerstensuppe oder die Busecca, eine Kuttelsuppe aus dem Tessin. Nationalgericht in der Sonnenstube der Schweiz ist die

Polenta, ein steifer Maismehlbrei, den man auch mit einem Schuss frischer Sahne oder mit Gorgonzolastückchen zubereiten kann. Sehr beliebt jenseits des Gotthards ist zudem Risotto, das man nach Mailänder Art (mit Safran), mit Pilzen oder nach Bauernart (mit Gemüse) genießt.

Fisch findet sich ebenso auf der Speisekarte, unter anderem Felchen, Rötel (Saibling), Forelle, Hecht und Egli (Süßwasserbarsch). Im Spätherbst und Winter bieten viele Restaurants **Wildspezialitäten** an, z. B. garnierten Rehrücken. Auch jenseits der Landesgrenzen weiß man das **Bündnerfleisch** zu schätzen: luftgetrocknetes, hauchdünn geschnittenes Rindfleisch.

Einen Hinweis verdienen auch die zahllosen **Backwaren,** die man zum Dessert, einfach zwischendurch oder auch zum »Zvieri«, zum Nachmittagskaffee, isst: Früchtekuchen, Zuger Kirschtorte, Rüeblitorte oder Engadiner Nusstorte.

SCHWEIZER WEINE

Die Hauptanbaugebiete des vorzüglichen Schweizer Weins liegen am Neuenburger und Genfersee sowie im Rhonetal. Bekannte Weißweine sind St-Saphorin und Dézaley (Genfersee), Fendant und Johannisberg (Wallis) sowie Twanner (Bielersee); ein süffiger Rosé ist der Œil-de-Perdrix. Der gehaltvolle Dôle, der Pinot noir (Wallis) und der Merlot (Tessin) sind geschätzte Rotweine. Genießen Sie sie im Land, denn sie werden kaum exportiert.

Aus der Nord- und Ostschweiz kommen ebenfalls gute Rotweine, überwiegend von der Sorte Blauburgunder (Pinot noir), die in der Regel etwas leichter sind: Hallauer (Schaffhausen), Stäfener (Zürichsee) sowie Maienfelder und Malanser (Bündner Herrschaft).

DIE FEINSTEN RESTAURANTS

- Das **Restaurant de l'Hôtel de Ville** im Lausanner Vorort Crissier der inzwischen verstorbenen Starköche Philippe Rochat und Benoît Viollier gehört nach wie vor zu den besten der Schweiz. > S. 59
- Im alteingesessenen Basler Restaurant **Stucki** mischt Tanja Grandits vertraute Grundprodukte mit asiatischen Zutaten. > S. 78
- In prächtigem Jugendstil-Ambiente serviert Jack's Brasserie im Berner **Schweizerhof** feinste marktfrische Gerichte nicht nur für die hohe Politik. > S. 85
- Europas ältestes vegetarisches Restaurant ist das **Hiltl** in Zürich, inzwischen in fünfter Generation *die* Adresse für gesunde Speisen mit indischem Einschlag. > S. 108
- Das familiäre Boutiquehotel **Jägerhof** in St. Gallen überzeugt vor allem durch den Zauber der ungebrochenen Kreativität von Vreni Giger, die als Ostschweizer Küchenwunder gilt. > S. 112
- Einen furiosen Start hat Martin Dalsass hingelegt, seit er das Feinschmeckerlokal **Talvo** bei St. Moritz übernahm. > S. 122

HÖHLENLAGER ODER DESIGNERBETT

Romantik-Eissuite im Iglu-Dorf Gstaad

Schon einmal im Iglu geschlafen? Oder rechtzeitig zum Sonnenaufgang auf einem Berner Alpengipfel aus den Federn gekrochen? In Sachen Unterkunft kann die Schweiz mit einigen Besonderheiten aufwarten. Und es findet sich für jeden etwas, fürs kleine Portemonnaie ebenso wie für den dicken Geldbeutel.

NATUR PUR

- **Höllochgrotte** G3: In der längsten Höhle der Alpen im Muotatal (Zentralschweiz) kann man eine Nacht mit der dicksten (Fels-) Decke über dem Kopf verbringen. Gut isolierte bequeme Lager und vollkommene Stille sorgen für angenehme Nachtruhe (Trekking Team, Lützelaustr. 48, 6353 Weggis, Tel. 041 390 40 40, www.trekking.ch).
- **Iglu:** Fast wie unter Eskimos fühlt man sich bei einer Iglunacht nahe Davos, inkl. Schneeschuhwanderung, Besuch der höchstgelegenen Sauna Europas, Käsefondue und Morgentee am Expeditionsschlafsack (Tel. 041 612 27 28, www.iglu-dorf.com, Standorte u. a. auch in Gstaad und Zermatt).

HISTORISCHE MAUERN

- **Hotel St. Petersinsel** D3: Auf der verträumten Halbinsel im Bielersee lebte einst der Aufklärer Jean-Jacques Rousseau in einem Kloster von 1127, dessen Mauern seit 1530 ein Gasthaus und Hotel beherbergen (€€, 3325 Erlach, Tel. 032 338 11 14, www.st-petersinsel.ch; Mitte März–Okt.).
- **Grandhotel Giessbach** > S. 86: Romantiker nähern sich dem 1874 erbauten Hotelpalast im Berner Oberland nicht auf der Straße, sondern per Schiff von Brienz und mit der hoteleigenen Standseilbahn. Gleich neben dem Haus stürzen die Wassermassen der berühmten Giessbachfälle in die Tiefe.
- **Ferien im Baudenkmal:** Die gleichnamige Stiftung des Schweizer Heimatschutzes vermietet denkmalgeschützte Objekte für spannende Wochenaufenthalte in alten Gemäuern; manche Häuser sind auch für drei Nächte zu haben. Nur mit einem Minimum an Eingriffen wurde authentisches Übernachten möglich. Die mehr als 20 bis zu 500 Jahre alten Häuser reichen von einer Scheune bis zum Engadiner Bauernhaus (www.magnificasa.ch und www.e-domizil.ch).

GÜNSTIG MIT CHARME

- **sbt Gästehaus** E5: Das Seminar für biblische Theologie betreibt ein historisches Hotel mit Panoramasicht über die Berge des Berner Oberlands sowie den Thunersee. Neben regulären Zimmern gibt es günstige Mehrbettzimmer und Massenlager (€, 3803 Beatenberg, Egg 368, Tel. 033 841 80 00, www.gaestehaus.ch).
- **Kurhaus Bergün** > S. 121: In der Tradition der Familienherberge vergangener Tage bietet das Kurhaus zwischen Chur und dem Engadin nach wie vor Schlafplätze mit Kajütenbetten für unkomplizierte Individualgäste oder kleine Gruppen. Alternativ gibt es Mansarden-Einzelzimmer mit Lavabo und Etagenbad (€).

BETT MIT AUSSICHT

- **Hotel Belalp** F6: Seit 150 Jahren steht das Haus in einmalig schöner Umgebung vor dem größten aller Alpengletscher, dem Aletschgletscher im Wallis. Per Luftseilbahn von Blatten kommt man ganz bequem zum Logenplatz (€€, Aletschbord 20, 3914 Belalp, Tel. 027 924 24 22, www.hotel-belalp.ch).
- **Berghotel Faulhorn** F5: Den Sonnenaufgang über Eiger, Mönch und Jungfrau vom Berggasthaus auf dem Gipfel des Faulhorns (2681 m) zu beobachten ist ein einmaliges Erlebnis! In rund drei Stunden wandert man von der Schynigen Platte (Zahnradbahn ab Wilderswil) oder von Grindelwald-First (Seilbahn ab Grindelwald) zum Ausguck, der 2000 m über dem Brienzersee liegt. Im Sommer empfiehlt sich eine Reservierung (€, 3818 Grindelwald, Tel. 079 534 99 51, www.faulhorn.ch).

Über den Berninapass führt die Straße vom Oberengadin ins Puschlav und weiter nach Italien

TOUREN & SEHENSWERTES

GENFERSEE

Quai des Savoyards im
Lausanner Stadtviertel Ouchy

Dem kosmopolitischen Genf merkt man die Nähe zu Frankreich an. Nicht minder edel gibt sich die Nordküste um Montreux und Vevey. Im Lavaux östlich von Lausanne wächst Wein von Weltklasse.

Die Region rund um den Genfersee – auf französisch Lac Léman genannt – bildet eines der schönsten Gebiete der Schweiz, auch wenn ein Teil des Sees zu Frankreich gehört. Auf der Schweizer Seite liegen gleich zwei Kantone: in der äußersten westlichen Ecke befindet sich der Kanton **Gèneve/Genf** mit der gleichnamigen international geprägten Hauptstadt; den überwiegenden Teil des Gebiets nimmt der Kanton Waadt (Vaud) ein, dessen Hauptstadt **Lausanne** am Nordufer des Sees liegt.

Die Küste hier wird auch »waadtländische Riviera« genannt – kein Wunder, verströmen doch Orte wie **Montreux** oder **Vevey** mediterranes Flair. Direkt am Genfersee liegt außerdem das berühmteste Schweizer Schloss, Chillon, das zu den atemberaubenden Weinbergterrassen des **Lavaux** emporblickt.

TOUR IN DER REGION

TOUR 1

AM GENFERSEE ENTLANG

ROUTE: Genf › Nyon › Lausanne › Vevey › Montreux › Schloss Chillon

KARTE: Seite 52

DAUER: 1 Tag, 100 km

PRAKTISCHE HINWEISE:

- Am einfachsten absolviert man diese Tour mit dem Auto entlang der Uferstraße.
- Sie ist aber auch mit öffentlichen Verkehrsmitteln möglich. Wer Zeit hat, kann im Sommer die Strecke entlang der Küste mit dem Schiff bereisen, sollte dann aber eine Übernachtung in Vevey oder Montreux einplanen. Infos zum Schiffsverkehr auf dem Genfersee unter www.cgn.ch.
- Eine gemeinsame Tageskarte verbindet das Busnetz von Montreux und Vevey (www.vmcv.ch) und erlaubt unbegrenztes Ein- und Aussteigen an der »Riviera Suisse«.

TOUR-START:

Entlang der Uferstraße geht es von **Genf** 1 › S. 53 zunächst ins schmucke Kleinstädtchen **Nyon** 9 › S. 61 und dann weiter bis in die viertgrößte Stadt der Schweiz, **Lausanne** 2

Karte S. 52

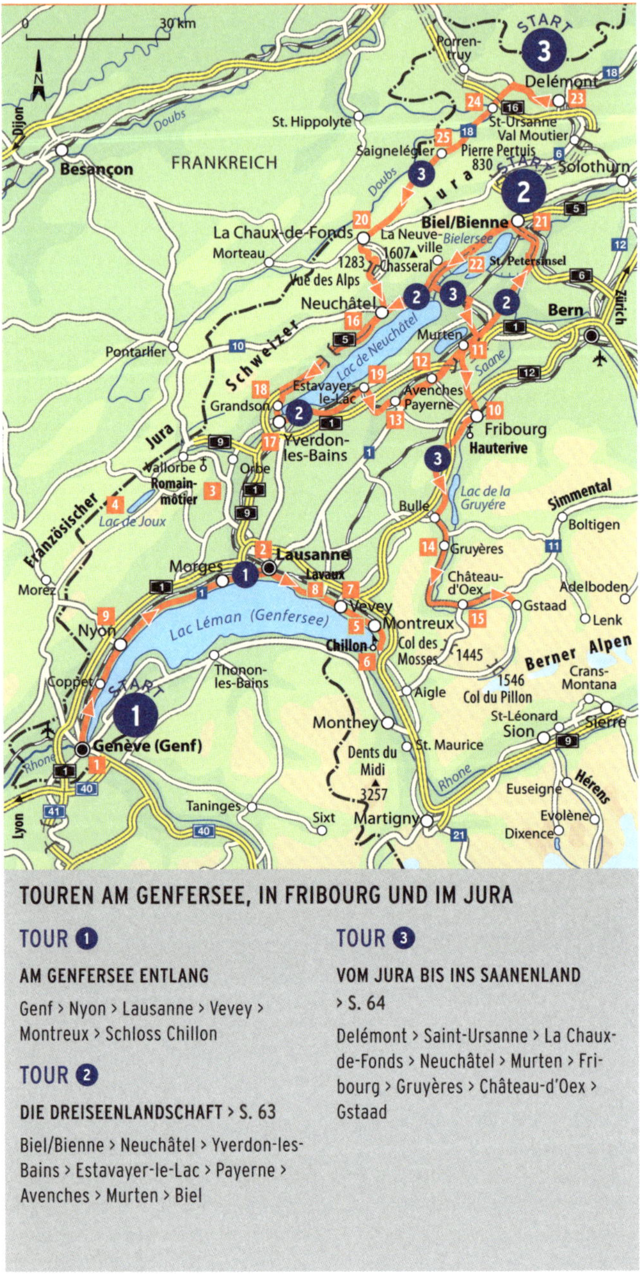

TOUREN AM GENFERSEE, IN FRIBOURG UND IM JURA

TOUR 1

AM GENFERSEE ENTLANG

Genf > Nyon > Lausanne > Vevey > Montreux > Schloss Chillon

TOUR 2

DIE DREISEENLANDSCHAFT > S. 63

Biel/Bienne > Neuchâtel > Yverdon-les-Bains > Estavayer-le-Lac > Payerne > Avenches > Murten > Biel

TOUR 3

VOM JURA BIS INS SAANENLAND > S. 64

Delémont > Saint-Ursanne > La Chaux-de-Fonds > Neuchâtel > Murten > Fribourg > Gruyères > Château-d'Oex > Gstaad

› S. 57, mit ihrem prächtigen Seeviertel Ouchy. Lausanne ist nicht nur Universitätsstadt, es beherbergt auch das Olympische Museum, das man auf keinen Fall verpassen sollte. Nach dem Mittagessen fährt man weiter an die waadtländische Riviera nach **Vevey** 7 › S. 60 und in den berühmten Nachbarort **Montreux** 5 › S. 59. Es lohnt sich, unterwegs in Cully oder Lutry einen Stopp einzulegen, um die steilen Weinbergterrassen des **Lavaux** 8 › S. 61 zu besuchen, die 2007 von der UNESCO in die Liste des Weltkulturerbes aufgenommen wurden.

Krönender Abschluss der Tour ist der Besuch des beeindruckenden **Schlosses Chillon** 6 › S. 60 am Ostende des Lac Léman, nach dem man wieder nach Montreux zurückkehrt.

WICHTIGE ADRESSE

Die rührige Tourismusorganisation **Région du Léman** bietet Informationen aller Art und Tipps für spannende Ausflüge auf beiden Seiten des Genfersees sowie viele Übernachtungstipps.

- Avenue d'Ouchy 60 | 1006 Lausanne
  Tel. 021 613 26 26
  www.region-du-leman.ch

UNTERWEGS AM GENFERSEE

GENF 1 B6

Die Hauptstadt (200 000 Einw.) des gleichnamigen Kantons ist internationaler als jede andere Schweizer Stadt: europäischer Standort der UNO, Sitz des CERN (Europäisches Zentrum für Kernforschung), der EFTA (Europäische Freihandelsassoziation) und vieler weiterer internationaler Organisationen. Entsprechend breit gefächert sind auch die Nationalitäten der Einwohner, der Ausländeranteil liegt bei 30 %.

Genf (Genève) ist aber nicht nur kosmopolitisch, sondern auch charmant – das »Klein-Paris« am Ufer des Lac Léman (Genfersees) vor der einmaligen Kulisse des in der Ferne glitzernden Montblanc.

In der Reformationszeit (ab 1532) wurde auch Genf vom Protestantismus erfasst. Jean Calvin (1509 bis 1564) machte die Rhonestadt zu einem Zentrum der neuen Konfession. 1798 besetzten die Franzosen die Stadt. Nach Napoleons Sturz wurde Genf 1815 als 22. Kanton in die Eidgenossenschaft aufgenommen.

VOM PONT DE L'ILE INS ZENTRUM

Günstiger Ausgangspunkt für einen Stadtbummel ist der **Pont de l'Ile** A b2, der die Rhone überspannt. Durch die im 19. Jh. einheitlich gestaltete Rue de la Corraterie – eine der elegantesten Geschäftsstraßen Genfs – gelangt man zur **Place Neuve** B c2, um die sich das Grand Théâtre, die nach dem Vorbild des Pariser Palais Garnier gestaltete Oper, sowie das Musikkonservatorium und das Musée Rath gruppieren.

PROMENADE DES BASTIONS c2

Die Place Neuve öffnet sich zur baumbestandenen Promenade des Bastions. Links an der Treille-Mauer befindet sich das **Monument de la Réformation** Ⓒ von 1917, das die Bildnisse der vier Glaubenskämpfer Guillaume Farel, Jean Calvin, Théodore de Bèze und John Knox zeigt; Reliefs schildern die Geschichte der Reformation.

Die zwischen 1868 und 1872 im Stil des Klassizismus errichtete **Université** Ⓓ ging aus der 1559 von Calvin gegründeten *Académie de Genève* hervor, die im 16. und 17. Jh. vor allem für ihre (protestantische) Theologie und humanistische Wissenschaft große internationale Ausstrahlung hatte.

VIEILLE VILLE ★1

Über der Promenade des Bastions erhebt sich auf einem Hügel die Altstadt. Die engen Gassen zwischen der Place Bel-Air und der Kathedrale laden zu einem Spaziergang durch viel historische Bausubstanz ein, etwa in der Grand-Rue mit ihren Häuserzeilen des 15. bis 18. Jhs.

Im Haus Nr. 40 wurde am 28. Juni 1712 Jean-Jacques Rousseau geboren; in der Grand-Rue 34 hatte der Maler Ferdinand Hodler sein Atelier.

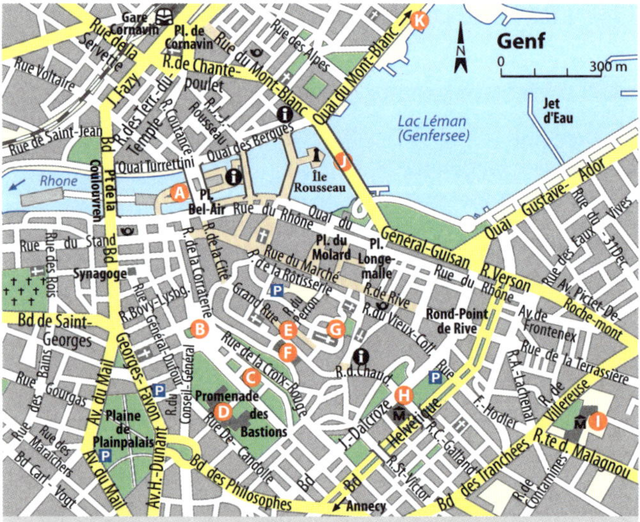

Ⓐ Pont de l'Ile
Ⓑ Place Neuve
Ⓒ Monument de la Réformation
Ⓓ Université
Ⓔ Maison Tavel
Ⓕ Hôtel de Ville
Ⓖ Cathédrale de St-Pierre
Ⓗ Musée d'Art et d'Histoire
Ⓘ Musée d'Histoire Naturelle
Ⓙ Pont du Mont-Blanc
Ⓚ Cité Internationale

Als ältestes noch erhaltenes Wohnhaus der Stadt gilt die bereits 1303 urkundlich erwähnte **Maison Tavel** E c2 mit einem bezaubernden Innenhof. In ihr hat das Altstadtmuseum sein Domizil gefunden (tgl. außer Mo 11–18 Uhr, www.mah-geneve.ch).

Das komplexe Bauwerk des **Hôtel de Ville** F c2 (Rathaus) entstand zwischen 1440 und 1707. Hier wurde am 22.8.1864 das erste Abkommen des Roten Kreuzes, die Erste Genfer Konvention, unterzeichnet. Der schöne Renaissancehof liefert im Sommer den stilvollen Rahmen für Konzerte.

Den höchsten Punkt der Altstadt markiert die dreischiffige **Cathédrale de St-Pierre** G c2. Der Bau wurde romanisch begonnen, aber in gotischem Stil vollendet und im 18. Jh. um einen klassizistischen Säulenportikus vor der Hauptfassade erweitert. Gleich neben der Kathedrale steht der **Temple d'Auditoire** aus dem15. Jh., der Calvin und de Bèze als theologisches Forum diente.

MUSÉE D'ART ET D'HISTOIRE H c3

Das bedeutendste Museum Genfs besitzt eine reiche Münzkollektion sowie mehrere kunst- und kulturhistorische Sammlungen. Hinzu kommen prähistorische Funde aus der Genfer Gegend und mittelalterliche Sakralkunst. Die Gemäldegalerie zeigt Genfer Malerei des 15. bis 20. Jhs. (Rue Charles-Galland 2, www.mah-geneve.ch; tgl. außer Mo 11–18 Uhr).

MUSÉE D'HISTOIRE NATURELLE I

Faszinierend ist auch das moderne Naturhistorische Museum mit seinen bedeutenden zoologischen, paläontologischen, geologischen und mineralogischen Sammlungen. Hervorzuheben ist die Darstellung des Sonnensystems in Raumgröße (Route de Malagnou 1, www.ville-ge.ch/mhng; tgl. außer Mo 10 bis 17 Uhr).

PONT DU MONT-BLANC J b2/3

Über die breite, verkehrsreiche Brücke gelangt man ans westliche Seeufer. Am Quai du Mont-Blanc fällt vor allem das **Monument Brunswick** auf, das bombastische Mausoleum des Herzogs Karl II. von Braunschweig. Er verbrachte seinen Lebensabend im Exil in Genf und vermachte nach seinem Tod 1873 der Rhonestadt sein Vermögen – unter der Auflage, dass ihm ein angemessenes Denkmal errichtet werde.

CITÉ INTERNATIONALE K

Weit außerhalb, im Norden der Stadt, liegt die Cité Internationale, wo viele große Organisationen ihren Sitz haben.

Mittelpunkt ist das **Palais des Nations**, das 1937 als Sitz des Völkerbundes erbaut wurde und heute der UNO als ihr europäisches Zentrum dient (Avenue de la Paix 8, www.unog.ch; Führungen Mo–Fr 10–12 und 14–16 Uhr).

Das **Musée International de la Croix-Rouge et du Croissant-Rouge** dokumentiert anschaulich

Karte S. 54

die Arbeit der in Genf gegründeten Hilfsorganisation (Avenue de la Paix 17, www.redcrossmuseum.ch; April–Okt. tgl. außer Mo 10–18, Nov.–März bis 17 Uhr).

CERN

Wie man über winzigste Teilchen den Zusammenhängen des Universums auf die Spur kommt, zeigt ein Besuch im europäischen Kernforschungszentrum CERN, dem weltgrößten Labor für Teilchenphysik, das im Westen von Genf liegt. Hier wurde übrigens die Idee des World Wide Web geboren (Route de Meyrin, 1217 Meyrin, Tel. 022 767 76 76, www.cern.ch; Mo–Fr 8–17.45, Sa 8.30–17.15 Uhr).

DAS ROTE KREUZ

Mit der Schlacht beim lombardischen Solferino (1859) nahm das Rote Kreuz seinen Anfang – weil ein mutiger Mann das grässliche Gemetzel nicht vergessen konnte und wollte: Henri Dunant (1818–1910). Der gebürtige Genfer und Verfasser einer aufwühlenden Antikriegsschrift regte die Gründung einer neutralen Organisation an. Ihre Aufgabe sollte die Sorge um die Opfer sein, Soldaten wie Zivilisten – vor 150 Jahren eine wahrhaft revolutionäre Idee. 1864 wurde am Genfersee die Erste Genfer Konvention »zur Verbesserung des Loses der verwundeten Soldaten« unterzeichnet. Ihrem geistigen Vater wurde 1901 der erste Friedensnobelpreis der Geschichte verliehen – die verdiente Ehrung für einen wahren Menschenfreund.

JARDIN BOTANIQUE

Abwechslung verspricht der 18 ha umfassende Botanische Garten am nördlichen Genfer Stadtrand mit 15 000 katalogisierten Arten (Chemin de l'Impératrice 1, 1292 Chambésy, www.ville-ge.ch/cjb; April bis Okt. tgl. 8–19.30, Nov.–März tgl. 9.30–17 Uhr, Eintritt frei).

INFO

Genève Tourisme

- Rue du Mont-Blanc 18 | 1201 Genève
  Tel. 022 909 70 00 | www.geneve.com
  Mo–Mi, Fr/Sa 9–18, Do 10–18,
  So 10–16 Uhr

FLUGHAFEN

Genf-Cointrin

Bahnverbindung mit dem Hauptbahnhof (Gare de Cornavin, 4 km, ca. 13 Min).

- www.gva.ch

HOTELS

Domaine de Châteauvieux €€€

Inmitten von Weinbergen westlich von Genf gelegenes ländliches Hotel mit zwölf behaglichen Zimmern und erstklassigem Restaurant.

- Chemin de Châteauvieux 16
  1242 Satigny | Tel. 022 753 15 11
  www.chateauvieux.ch

Suisse €€

Kleines Stadthotel gegenüber dem Bahnhof mit 62 renovierten, geschmackvoll gestalteten Räumen.

- Place de Cornavin 10 | 1201 Genève
  Tel. 022 732 66 30
  www.hotel-suisse.ch

RESTAURANTS

Café du Centre €€

Französische und Schweizer Küche; Spezialitäten sind Tatar und Fischgerichte. Das Restaurant und der Saal Le Patio strahlen eine vornehme Atmosphäre aus.

- Place du Molard 5 | 1201 Genève
  Tel. 022 311 85 86
  www.cafeducentre.ch

Café de Paris €€

Die bekannte Butter-Kräuter-Soße »Café de Paris« hat nichts mit der französischen Hauptstadt zu tun, sondern wurde von diesem Lokal aus weltberühmt. Seit 1942 kommt hier nur ein Gericht auf den Teller: Entrecôte de bœuf mit der genannten Soße. Abends Reservierung empfohlen.

- Rue du Mont-Blanc 26 | 1201 Genève
  Tel. 022 732 84 50
  www.chezboubier.com

Café du Soleil €€

Das vor über 400 Jahren entstandene Café-Restaurant ist für die Genfer eine wahre Institution. Schwerpunkte der Speisekarte sind ausgezeichnete Steaks und Fondue.

- Place du Petit-Saconnex 6
  1209 Genève | Tel. 022 733 34 17
  www.cafedusoleil.ch

SHOPPING

- Mittwochs und samstags (bis ca. 17 Uhr) kann man auf der Plaine de Plainpalais westlich der Promenade des Bastions › S. 54 auf dem **Flohmarkt** stöbern.
- Auf der Place de Fusterie in der Altstadt findet freitags ein **Büchermarkt** (bis ca. 18 Uhr) statt.

NIGHTLIFE

Das **Grand Théâtre** an der Place Neuve ist die bekannteste Bühne der Stadt und bietet Opern- und Schauspielaufführungen.

- www.geneveopera.ch

Demi Lune Café

Das »Halbmondcafé« gehört zu den beliebtesten Bars in Genf.

- Rue Etienne Dumont 3 | 1204 Genève
  Tel. 022 312 12 90 | www.demilune.ch

LAUSANNE 2 C5

Das in Terrassen über dem Nordufer des Lac Léman (Genfersees) ansteigende Lausanne (139 000 Einw.) ist neben Genf das zweite kulturelle und wirtschaftliche Zentrum der französischsprachigen Schweiz. Eingebettet in eine freundliche Hügellandschaft – Anbaugebiet des hervorragenden Waadtländer Weißweins –, gibt sich die Stadt typisch welsch; Zürich mit seiner nüchternen Lebensart scheint hier Welten entfernt zu sein.

Historisch stand Lausanne, dessen römischen Wurzeln man im Ortsteil Vidy nachspüren kann, fast immer im Schatten Genfs. 1032 ging der Ort mit Burgund an das Heilige Römische Reich Deutscher Nation. Im 16. Jh. eroberte Bern die Waadt, womit Lausanne jede politische Bedeutung verlor. 1803 trat die Waadt nach dem Zusammenbruch der alten Eidgenossenschaft dem Kantonsverbund bei.

STADTRUNDGANG

Der Verkehrsmittelpunkt von Lausanne ist die **Place St-François** mit der gleichnamigen gotischen Kirche. Man erreicht die Freifläche in wenigen Minuten von der »Bergstation« der Lausanner Métro – seit der Erweiterung 2008 übrigens die steilste U-Bahn Europas. Ebenso rasch bleibt der Verkehrslärm zurück, wenn man sich der hübschen Altstadt zuwendet. Dort steht an der Place de la Palud das **Hôtel de Ville** (Rathaus) aus dem 17. Jh.

Auf den teilweise überdachten Escaliers du Marché (Markttreppen) steigt man hinauf zur **Cathédrale Notre-Dame,** die den Hügel der Oberstadt krönt. Nach etwa hundertjähriger Bauzeit im Jahr 1275 geweiht, gilt die Kirche – in Stil und Dimensionen durchaus mit französischen Vorbildern vergleichbar – als bedeutendstes gotisches Bauwerk der Schweiz. Das figurenreiche Montfalcon-Portal an der Westfassade wurde erst im frühen 16. Jh. gestaltet, im Gegensatz zum wesentlich älteren *Portail peint.* Zur Innenausstattung gehören ein reich geschnitztes Chorgestühl aus dem 13. Jh. und herrliche **Glasmalereien.**

Am Fuß des Cité-Hügels liegt das prächtige **Palais de Rumine** mit Sammlungen zu Geologie, Geschichte und Archäologie im **Musée cantonal d'archéologie et d'histoire** (Pl. de la Riponne 6, www.mcah.ch; Di–Do 11–18, Fr–So 11–17 Uhr).

Im selben Gebäude macht das **Musée cantonal des Beaux-Arts** (Kunstmuseum) mit Malern der Region bekannt (Wiedereröffnung Okt. 2019, tgl. außer Mo 10–18, Do bis 20 Uhr, www.mcba.ch).

Eine ungewöhnliche Ausstellung bietet die **Collection de l'Art brut** im Château de Beaulieu. Viele der Kunstwerke wurden von psychisch Kranken geschaffen und vermitteln dem Besucher eine einzigartige Schau bizarrer und zuweilen beängstigender Visionen (Avenue des Bergières 11, www.artbrut.ch; tgl. außer Mo 11–18 Uhr).

Lausanne ist Sitz des Internationalen Olympischen Komitees (IOC). Am Seeufer im mondänen Vorort Ouchy wurde das informative **Musée Olympique** nach langer Renovierung im November 2013 wiedereröffnet (Quai d'Ouchy 1, www.olympic.org/museum; Mai–Mitte Okt. tgl. 9–18, sonst tgl. außer Mo 10 bis 18 Uhr).

INFO

Lausanne Tourisme

- Place de la Gare 9
  1003 Lausanne
  Tel. 021 613 73 73
  www.lausanne-tourisme.ch

HOTELS

Lausanne Palace & Spa €€€

1915 eröffnetes Luxushotel mit herrlichem Blick auf den Genfersee und großem Wellnessbereich. Die Bar gestaltete der eigenwillige Künstler Jean Tinguely.

- Rue du Grand Chêne 7–9
  1002 Lausanne | Tel. 021 331 31 31
  www.lausanne-palace.ch

Angleterre & Residence €€

Historische Residenzvilla mit eigenem Pool im Stadtteil Ouchy bestehend aus vier Gebäuden mit eigenem Stil als Oase der Ruhe.

- Place du Port 11 | Lausanne 6
  Tel. 021 613 34 34
  www.angleterre-residence.ch

RESTAURANTS

Restaurant de l'Hôtel de Ville €€€
Das Team des Gourmetrestaurants kocht im Geist der legendären Chefköche Philippe Rochat und Benoît Viollier auf höchstem Niveau. So, Mo geschl.

- Rue d'Yverdon 1 | 1023 Crissier
  Tel. 021 634 05 05
  www.restaurantcrissier.com

Brasserie de Montbenon €€
Das auf zwei Ebenen luftig gestaltete Restaurant serviert klassische Brasseriegerichte wie Tatar, Terrinen und Cordon Bleu aus regionalen Zutaten.

- Allée Ernest Ansermet 3
  1003 Lausanne | Tel. 021 320 40 30
  www.brasseriedemontbenon.ch

AUSFLUG IN DEN SÜDLICHEN JURA

Liebhaber sakraler Bauten sollten einen Ausflug zur ehemaligen **Klosterkirche von Romainmôtier** 3 B5 (ca. 35 km nordwestlich von Lausanne in Richtung Orbe) unternehmen. Gotteshaus, Klostergebäude und Umgebung bilden eine so harmonische Einheit, dass man sich für Momente in vergangene Zeiten zurückversetzt fühlt.

Von Romainmôtier lohnt sich die Weiterfahrt über Vallorbe zum **Lac de Joux** 4 B5 im Waadtländer Jura. Hier gibt es eine stille Seenlandschaft voll sanfter Schönheit zu entdecken.

In der Klosterkirche von Romainmôtier

MONTREUX 5 C5

Der Mittelpunkt der »Waadtländer Riviera« (26 600 Einw.) ist eine Mischung aus Alt und Neu: Die modernen Baukonstruktionen von Kongresszentrum und Casino bilden einen eigenwilligen Kontrast zu den nostalgischen Hotelpalästen des 19. Jhs. Aus jener »guten alten Zeit« stammt auch die Zahnradbahn auf die **Rochers de Naye** (2042 m) mit Alpengarten und herrlichem Gebirgspanorama. Am Seeufer erinnert eine Statue an Freddie Mercury, den legendären Sänger der Rockgruppe Queen, die in Montreux einige Alben eingespielt hat.

Überregional bekannt ist das alljährlich im Juli stattfindende **Jazz-**

festival, das viel Publikum anzieht und Hotelbetten knapp werden lässt (www.montreuxjazz.com).

INFO

Montreux-Vevey Tourisme

- Place de l'Eurovision | 1820 Montreux
  Tel. 0848 86 84 84
  www.montreuxriviera.com

HOTEL

Fairmont Le Montreux Palace €€€

Der Hotelpalast mit Zimmern im Stil der Belle Epoque zählt zu den berühmtesten Hotels der Schweiz. Großzügiger Wellnessbereich.

- Ave. Claude Nobs 2 | 1820 Montreux
  Tel. 021 962 12 12
  www.fairmont.com/montreux

In Vevey verbrachte Charlie Chaplin seinen Lebensabend

RESTAURANT

Le Palais Oriental €€

Eine Perle autenthisch arabisch-orientalischer Gastronomie direkt am Seeufer.

- Quai Ernest Ansermet 6
  1820 Montreux | Tel. 021 963 12 71
  www.palaisoriental.ch
  Mo geschl.

SCHLOSS CHILLON 6 ★ C6

Die wehrhafte Festung, die kurz hinter Montreux auf einem ufernahen Felsen thront, geht im Kern auf das 10. Jh. zurück, wurde aber vor allem unter Peter II. von Savoyen stark ausgebaut. 1536 eroberten die Berner Chillon. Das Schloss erlangte durch Lord Byrons Gedicht »Der Gefangene von Chillon« große Bekanntheit.

Audioguides (auch auf Deutsch) für einen zweistündigen Rundgang können gegen Gebühr an der Kasse ausgeliehen werden (Château de Chillon, Ave. de Chillon 21, 1820 Veytaux, Tel. 021 966 89 10, www.chillon.ch, April–Sept. tgl. 9–19, März und Okt. 9.30–18, Nov.–Febr. 10–17 Uhr). › mehr S. 15 Punkt 24

VEVEY 7 C5

Vevey (20 000 Einw., sprich: »Wöweh«) erfreut sich einer prächtigen Lage am Nordufer des Genfersees.

Die berühmten Weinberge des Lavaux umrahmen den belebten Ort, in dem Charlie Chaplin seinen Lebensabend verbrachte. Dominierend ist das riesige Verwaltungsgebäude des Lebensmittelkonzerns Nestlé.

Urlauber interessieren sich eher für die bezaubernde Landschaft und die feinen Weißweine. Beides kann man an einem der Aussichtspunkte über dem Städtchen sehr gut genießen, etwa auf dem **Mont Pèlerin** (810 m) oder den **Pleiades** (1360 m).

Für Eisenbahn-Nostalgiker bietet sich an, den Pleiades-Ausflug mit einer Fahrt in der **Museumsbahn Blonay–Chamby** zu verbinden (nur Mai–Okt. Sa und So, www.blonay-chamby.ch).

HOTEL

Hôtel des Trois Couronnes €€€

Kaum ein Königshaus, dessen Mitglieder nicht schon in diesem Grandhotel aus dem Jahr 1843 abgestiegen sind. Beeindruckend sind v. a. die Säulenhalle im Eingangsbereich und der Panoramablick auf den Genfersee.

- Rue d'Italie 49 | 1800 Vevey
  Tel. 021 923 32 00
  www.hotel3couronnes.ch

LAVAUX 8 ★ C5

Wer mit dem Zug von Fribourg nach Lausanne fährt, wird vom Anblick des Genfersees mit Sicherheit überwältigt sein. Das liegt nicht am See allein, sondern auch an den steilen Weinbergterrassen, die sich über 40 km Länge am Nordufer erstrecken. Seit 2007 sind sie UNESCO-Weltkulturerbe – mitsamt ihren malerischen Winzerdörfern, deren Einwohner diese Landschaft durch den konsequenten Weinbau über Jahrhunderte formten. › mehr S. 15 Punkt 25

In den Rebgärten des Lavaux wird vor allem die weiße Traubensorte Chasselas kultiviert, aber auch die Rotweinsorten Gamay und Blauburgunder (Pinot noir) wachsen dort. Über 800 ha sind bestockt, der Jahresertrag beträgt gut 5,5 Mio. Liter. Von April bis Oktober verkehrt die kleine Touristenbahn »Lavaux Express« auf zwei Routen (von und nach Cully bzw. Lutry) in der Region.

INFO

Point »i« Cully

- Place de la Gare 4 | 1096 Cully
  Tel. 021 962 84 54
  www.lavaux-unesco.ch

NYON 9 B5

Nyon (20 500 Einw.) ist am schönsten auf Umwegen zu erreichen, genauer gesagt auf der **Route du Vignoble,** einer reizvollen Weinstraße über die Dörfer im Anbaugebiet La Côte. Von Genf kommend, stößt man in Coppet auf sie, von Lausanne kommend in Morges.

Einmal in Nyon angelangt, findet man ein schmuckes Kleinstädtchen vor, das sich aus der antiken Siedlung Noviodunum entwickelte. Der römische Vergangenheit widmet sich das in den freigelegten Ruinen einer Basilika eingerichtete **Musée romain** (Rue Maupertuis, 1260 Nyon, www.mrn.ch; April–Okt. tgl. außer Mo 10–17, Nov.–März ab 14 Uhr). Nyon ist auch Sitz des europäischen Fußballverbands UEFA.

FRIBOURG UND JURA

Aus 17 000 l Milch täglich erzeugt die Fromagerie Spielhofer in St-Imier im Jura Gruyère, Tête de Moine und zwölf weitere Käsesorten

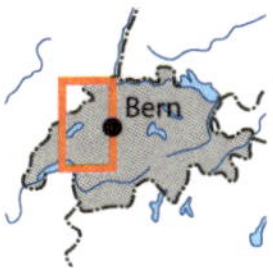

Wer von Bern aus in Richtung Lausanne fährt, ohne in Fribourg abzubiegen, um die Region dort zu erkunden, verpasst drei spannende Kantone mit drei Seen und drei typischen Schweizer Erzeugnissen.

Der überwiegend französischsprachige Nordwesten der Schweiz wird von den Kantonen Fribourg (Freiburg), Neuchâtel (Neuenburg) und Jura gebildet.

Das Gebiet wird durch die Dreiseenlandschaft geprägt – **Neuenburgersee, Bielersee** und **Murtensee** – und durch den Jurarücken von Frankreich getrennt. Größte Stadt ist das zweisprachige **Fribourg.** Die Region bietet alles, was die Schweiz berühmt gemacht hat: Uhren, Schokolade und Käse.

TOUREN IN DER REGION

TOUR 2

DIE DREISEEN-LANDSCHAFT

ROUTE: Biel/Bienne › Neuchâtel › Yverdon-les-Bains › Estavayer-le-Lac › Payerne › Avenches › Murten › Biel

KARTE: Seite 52
DAUER: 2 Tage, 159 km
PRAKTISCHER HINWEIS:

- Die Dreiseenrundfahrt lässt sich bequem per Schiff, Bus und Bahn absolvieren. Mit dem Auto sind allerdings auch Abstecher in abgelegenere Gebiete möglich.

TOUR-START:

In **Biel** 21 › S. 69 startet unsere Rundreise durch die Seenwelt. Auf den Spuren von Jean-Jacques Rousseau geht es zunächst zur **St. Petersinsel** 22 › S. 70, einer Halbinsel im Bielersee, die vom Städtchen Erlach zu Fuß oder per Schiff erreichbar ist.

Nächstes Ziel ist **Neuchâtel** 16 › S. 67 am Nordufer des Neuenburgersees (Lac de Neuchâtel). Das Städtchen mit seinem eindrucksvollen Schloss lohnt eine ausführliche Besichtigung, dann geht es weiter nach **Yverdon-les-Bains** 17 › S. 68, das man am Abend erreicht.

Tags darauf sollte man zunächst das Musée des grenouilles (Froschemuseum) in **Estavayer-le-Lac** 19 › S. 69 und danach die Abteikirche von **Payerne** 13 › S. 66 besichtigen. Anschließend geht es weiter nach **Avenches** 12 › S. 66, wo es ein römisches Amphitheater zu sehen gibt.

Die Zähringerstadt **Murten** 11 › S. 66 liegt am kleinsten der drei Seen. Von dort führt die Rundreise zurück nach Biel.

TOUR 3

VOM JURA BIS INS SAANENLAND

ROUTE: Delémont > Saint-Ursanne > La Chaux-de-Fonds > Neuchâtel > Murten > Fribourg > Gruyères > Château-d'Oex > Gstaad

KARTE: Seite 52
DAUER: 3 Tage, 194 km
PRAKTISCHER HINWEIS:

- Die Genießertour durch den abgelegeneren Teil der Westschweiz ist mit dem Auto ganzjährig möglich.

TOUR-START:

Von **Delémont** 23 > S. 70 aus, dem Hauptort des Kantons Jura, führt die Tour zunächst in das verträumte Städtchen **Saint-Ursanne** 24 > S. 70 am Doubs. Anschließend geht es durch die beruhigende Landschaft der Franches Montagnes (Freiberge) in die Uhrenmetropole **La Chaux-de-Fonds** 20 > S. 69 mit ihrem interessanten rechteckigen Grundriss, wo man unbedingt das Uhrenmuseum besichtigen sollte.

Zum Übernachten bietet sich **Neuchâtel** 16 > S. 67 am Neuenburgersee an. Die Stadt selbst und ihre Museen werden dann am zweiten Tag besichtigt. Danach verläuft die Tour über **Murten** 11 > S. 66 bis zur Brückenstadt **Fribourg** 10 > S. 64, dem Etappenziel des zweiten Tages.

Der dritte Tag führt zuerst nach **Gruyères** 14 > S. 66 mit seiner berühmten Schaukäserei und dann nach **Château-d'Oex** 15 > S. 67, dem Zentrum des Schweizer Ballonsports. Endpunkt der Tour ist **Gstaad** > S. 89, das schon im Kanton Bern liegt und sich als Sprungbrett zur Weiterreise ins Berner Oberland anbietet.

UNTERWEGS IN DER REGION

FRIBOURG 10 ★ D4

Fribourg bzw. Freiburg (38 500 Einw.), die Hauptstadt des gleichnamigen, überwiegend französischsprachigen Kantons, ist wie Bern eine Gründung der Zähringer (1157). Historisch stand es meist im Schatten des mächtigeren Nachbarn, daher konnte zwischen beiden Städten nie ein freundschaftliches Verhältnis entstehen, auch nicht nach dem Beitritt Fribourgs zur Eidgenossenschaft im Jahr 1481. Einen stimmungsvollen Blick auf den historischen Stadtkern hat man von der **Zähringerbrücke.**

Das Stadtbild wird von der gotischen **Kathedrale St. Niklaus** dominiert. Der monumentale Bau (1283–1490) wurde später um die Seitenkapellen erweitert und mit einem spätgotischen Chor (1631) versehen. Die dreischiffige Pfeilerbasilika, deren 76 m hohen Frontturm man besteigen kann, besticht durch ihre reiche Bauplastik. Von der kostbaren Ausstattung verdienen die spätgotische Grablegung (1433), das Chorgestühl und Chorgitter (1466) sowie die Jugendstil-Glasfenster des polnischen Künstlers Jozef Mehoffer besondere Erwähnung. Auf der Orgel soll einst schon Franz Liszt gespielt haben.

Die ummauerte Siedlung wuchs bereits im 13. Jh. über die natürlichen Schutz bietende Saane-Halbinsel hinaus. Stark mittelalterliche Züge tragen noch heute die Viertel **Bourg** (Burg) und Auge (Au), wie man bei einem Bummel durch die Gassen leicht feststellen kann. Die Westecke des ältesten Siedlungsgevierts markiert das **Rathaus.**

Ganz in der Nähe erhebt sich die im Kern gotische **Eglise des Cordeliers** (Franziskanerkirche). Sie bewahrt hervorragende Ausstattungsstücke: Der **Aufsatz des Nelkenmeisteraltars** ist ein Hauptwerk der Schweizer Malerei des 15. Jhs., das Chorgestühl eines der ältesten im ganzen Land (1280).

Von der Kirche sind es nur wenige Schritte zur Villa Ratzé, einem eleganten Renaissancebau von 1585. Hier zeigt das **Musée d'Art et d'Histoire** u. a. Kunstwerke aus neun Jahrhunderten (Rue de Morat 12, www.fr.ch/mahf; Di–So 11–18, Do bis 20 Uhr). Der **Espace Jean Tinguely – Niki de Saint Phalle** präsentiert ausgewählte Arbeiten des bekannten Künstlerpaars (Rue de Morat 2, www.fr.ch/mahf; Mi–So 11–18, Do bis 20 Uhr).

INFO

Informations Touristiques de Fribourg

- Place Jean-Tinguely 1
  1700 Fribourg

Die Kathedrale St. Niklaus überragt das Stadtbild von Fribourg

Tel. 026 350 11 11
www.fribourgtourism.ch

HOTELS

Au Sauvage €€
Ruhiges Romantikhotel mit 16 Zimmern in der hügeligen Altstadt südlich der Saane.
- Planche-Supérieure 12 | 1700 Fribourg
  Tel. 026 347 30 60
  www.hotel-sauvage.ch

De la Rose €€
Historisches Gebäude aus dem 17. Jh. mit familiärer Atmosphäre; zentral in der Nähe der Kathedrale gelegen.
- Rue de Morat 1 | 1701 Fribourg
  Tel. 026 351 01 01
  www.hoteldelarose.com

RESTAURANTS

Du Grand Pont €€
Stets frische Speisen und feine Weine der Region; schöner Blick von der Terrasse.
- Route de Bourguillon 2
  1700 Fribourg | Tel. 026 481 12 00
  www.legrandpont.ch
  Di, Mi und So abends geschl.

Les Trentenaires €–€€
Witzige Bierbar mit kleiner Karte und günstigem Tagesgericht. Beliebt zum Brunch am Wochenende.
- Rue de Lausanne 87 | 1700 Fribourg
  Tel. 026 322 44 11
  www.lestrentenaires.ch

MURTEN D4 UND UMGEBUNG

Auf einer Anhöhe am Südostufer des Murtensees (Lac de Morat) liegt **Murten** 11 (8200 Einw.). Beim Anblick des ummauerten Städtchens und seines Schlosses fühlt man sich in vergangene Zeiten zurückversetzt. Besonders reizvoll ist der Blick durch die Hauptgasse mit ihren Laubenhäusern auf das trutzige Berntor (18. Jh.). Im Pfarrhaus wurde der Schriftsteller Jeremias Gotthelf (1797–1854) geboren.

Auf den Spuren der Römer wandelt man in **Avenches** 12 D4 (4200 Einw.). Vom antiken Aventicum sind noch Reste erhalten, u. a. ein 6000 Zuschauer fassendes Amphitheater, in dem jeden Sommer ein Opernfestival und das Festival Rock Oz'Arénes stattfindet.

Die einstige Abteikirche in **Payerne** 13 D4 (9500 Einw.) gehört mit ihrem lichten Innenraum zu den bedeutendsten romanischen Sakralbauten der Schweiz.

HOTEL

Murtenhof & Krone €–€€
Gepflegtes Altstadthotel der Mittelklasse in zwei pittoresken Patrizierhäusern mit Aussicht auf den Murtensee.
- Rathausgasse 1–3 | 3280 Murten
  Tel. 026 672 90 30 | www.murtenhof.ch

GRUYÈRES 2 D5 UND DAS GREYERZERLAND

In der sanften Voralpenlandschaft am Oberlauf der Saane, belebt durch den Stausee Lac de la Gruyère, liegt ein veritables Schmuckstück: das altertümliche Städtchen **Gruyères** 14 (810 m; 2200 Einw.). Feinschmecker denken hier sofort an den rassigen Greyerzer Käse. Die

Geheimnisse seiner Herstellung werden in der **Schaukäserei Maison du Gruyère** ★ gezeigt. Die Kuh Cerise führt durch die Ausstellung und vermittelt, warum man den Gruyère »König der Käse« nennt. (Place de la Gare 3, 1663 Pringy-Gruyères, www.lamaisondugruyere.ch, Juni–Sept. tgl. 9–18.30, Okt.–Mai bis 18 Uhr).

Am oberen Ortsende findet sich das **Château de Gruyères** aus dem 13. Jh. (1663 Gruyères, www.chateau-gruyeres.ch; April–Okt. tgl. 9 bis 18, Nov.–März 10–16.30 Uhr).

Der surrealistische Künstler Hansruedi Giger (1940–2014) wurde durch seine für den Film »Alien« geschaffenen Kreaturen weltberühmt. Im Château St. Germain in Gruyères eröffnete der Oscar-Preisträger sein eigenes **Museum HR Giger** (Rue du Château, www.hrgigermuseum.com; April–Okt. tgl. 10–18, Nov.–März Mi–Fr 13–17, Sa/So 10–18 Uhr).

Der Hauptort der Region ist **Bulle** D5 (771 m; 22 700 Einw.) mit seinem savoyischen Schloss und dem volkskundlichen **Musée Gruérien** (Rue de la Condémine 25, www.musee-gruerien.ch; Di–Sa 10–12, 13.30–17, So 13.30–17 Uhr).

Im Nachbarort **Broc** (718 m; 2700 Einw.) ist die größte Schokoladenfabrik des Landes, **Cailler of Switzerland,** schon von Weitem am süßen Duft zu erkennen. Wo einst die erste Tafelschokolade der Welt entstand, hat längst der Nestlé-Konzern das Sagen (Rue Jules Bellet 7, 1636 Broc, www.cailler.ch; April bis Okt. tgl. 10–18, sonst bis 17 Uhr; auch geführte Rundgänge).

CHÂTEAU-D'OEX 15 D5

Das von hübschen Chalets gesäumte Dorf (3400 Einw.) ist v.a. für sein **Ballonfestival** bekannt (www.ballonchateaudoex.ch). Seit 1979 steigen in der zweiten Januarhälfte Dutzende von Heißluftballons auf. Für Besucher werden Ballonfahrten das ganze Jahr über angeboten. Infos gibt es beim Museum **Espace Ballon** (Chemin des Ballons 2, 1660 Château-d'Oex, www.ballonchateaudoex.ch; Dez.–Okt. tgl. außer Mo 14–17 Uhr). › mehr S. 12 Punkt 2

AM NEUENBURGERSEE

NEUCHÂTEL (NEUENBURG) 16 D4

Die Hauptstadt (33 600 Einw.) des gleichnamigen Kantons breitet sich am Nordufer des Neuenburgersees (Lac de Neuchâtel) aus, mit 216 km² das größte ganz auf Schweizer Boden gelegene Binnengewässer.

Im Mittelalter herrschten in Neuchâtel die Burgunderkönige, später lösten sie deutsche und französische Adelsgeschlechter ab und schließlich die Preußen. Erst 1857 verzichtete die ferne Großmacht auf ihre Ansprüche.

Dominiert wird das Stadtbild vom mächtigen **Schloss** aus dem späten 12. Jh. und der **Stiftskirche,** einer dreischiffigen Pfeilerbasilika des 12./13. Jhs. Im Inneren befindet sich als besondere Kostbarkeit der **Kenotaph der Neuenburger Grafen:** Mit seinen 15 bemalten Statuen ist es das bedeutendste gotische Grabdenkmal der Schweiz.

Wenige Schritte westwärts liegt das **Musée d'ethnographie** mit seinen modern dargebotenen Exponaten vorwiegend aus Afrika, Ozeanien und Asien (Rue Saint-Nicolas 4, www.men.ch; tgl. außer Mo 10 bis 17 Uhr, am Mi Eintritt frei).

An den Fuß des Schlosshügels schmiegt sich die kleine Altstadt um die **Place des Halles** mit der erkergeschmückten Maison des Halles von 1570. Nicht weit vom Hafen, dessen Quais zu einem Bummel einladen, zeigt das **Musée d'art et d'histoire** Werken einheimischer Künstler des 15.–20. Jhs. sowie eine Uhren- und Automatensammlung (Esplanade Léopold-Robert 1, www.mahn.ch; tgl. außer Mo 11–18 Uhr).

Dem großen Schriftsteller und Maler Friedrich Dürrenmatt (1921 bis 1990) ist das **Centre Dürrenmatt** gewidmet. In dem eigenwilligen Bau des Tessiner Architekten Mario Botta sind Dürrenmatts Gemälde und Zeichnungen ausgestellt (Chemin du Pertuis-du-Sault 74, www.cdn.ch; Mi–So 11–17 Uhr).

INFO

Tourisme neuchâtelois

- Hôtel des Postes | 2001 Neuchâtel
  Tel. 032 889 68 90
  www.neuchateltourisme.ch

HOTELS

La Maison du Prussien €€€

Stilvoll umgebaute Brauerei aus dem 18. Jh. mit gemütlichen Zimmern und hervorragender Küche.

- Rue des Tunnels 11 | 2000 Neuchâtel
  Tel. 032 730 54 54
  www.hotel-prussien.ch

Le Vaisseau €€

Zauberhaft zwischen See und Weinbergen gelegenes Haus mit komfortablen Zimmern und Apartments; privater Badestrand und eigener Bootsanleger.

- 2016 Cortaillod, 9 km südwestlich von Neuchâtel | Tel. 032 843 44 77
  www.hotel-le-vaisseau.ch

RESTAURANT

Maison des Halles €€

Historisches Ambiente in einem Renaissancegebäude mit gemütlichem Erker. Innovative Küche im Gourmetrestaurant.

- Rue du Trésor 4 | 2000 Neuchâtel
  Tel. 032 724 31 41
  www.maisondeshalles.ch
  Mo geschl.

YVERDON-LES-BAINS 17 C4

Der Kurort (30 000 Einw.) mit seiner Schwefelquelle geht auf das römische Eburodunum zurück.

Das mächtige Schloss, nach 1260 errichtet, gilt als gutes Beispiel einer savoyischen Vierturmanlage. Es beherbergt heute das **Musée d'Yverdon** mit Fundmaterial aus prähistorischer und römischer Zeit sowie Dokumenten zur Stadtgeschichte. Außerdem wird an den Pädagogen Heinrich Pestalozzi erinnert, der hier 1805–1825 ein Erziehungsheim leitete (Le Château, 1401 Yverdon-les-Bains; tgl. außer Mo 13–17, Juni–Sept. schon ab 11 Uhr; www.musee-yverdon-region.ch).

Eine Fundgrube für alle Raumschiff-Enterprise-Fans ist das **Maison Ailleurs** (»Haus von Anderswo«), gegründet vom Schriftsteller Pierre Versins (Place Pestalozzi 14, www.ailleurs.ch; Di–So 11–18 Uhr).

GRANDSON 18 C4

Bei dem Städtchen (3300 Einw.) an der Spitze des Lac de Neuchâtel errangen die Eidgenossen am 2. März 1476 ihren ersten Sieg über Herzog Karl den Kühnen. Der Ort wird von seinem fünftürmigen **Schloss** (13. Jh.) beherrscht, ein Teil ist als Museum zugänglich (Rittersaal, Waffensammlung, Oldtimer).

ESTAVAYER-LE-LAC 19 C4

Am südöstlichen Ufer des Sees liegt Estavayer-le-Lac (9500 Einw.) mit seinem mittelalterlichen Ortsbild auf einem Grundriss von 300 mal 200 m innerhalb alter Stadtmauern.

Etwas ungewöhnlich erscheint das bereits 1927 gegründete **Fröschemuseum** (Musée des grenouilles), das 108 Frösche in menschlichen Rollen vom Soldaten bis zum Kartenspieler zeigt (Rue du Musée 13, www.museedesgrenouilles.ch; März–Dez. tgl. außer Mo 13 bis 18 Uhr).

LA CHAUX-DE-FONDS 20 C3

Die in einem breiten Hochtal des Neuenburger Jura gelegene Stadt (1000 m; 38600 Einw.) gilt als Uhrenmetropole der Schweiz. Nach einem Großbrand 1794 wurde sie auf regelmäßigem Grundriss mit rechtwinklig verlaufenden Straßen wieder aufgebaut. Mehr als 3000 Objekte zeigt das Uhrenmuseum **Musée international d'horlogerie** (Rue des Musées 29, www.mih.ch; tgl. außer Mo 10–17 Uhr).

Ausstellungsstücke im Musée international d'horlogerie von La Chaux-de-Fonds

AM BIELERSEE

Biel/Bienne 21 D3 (54600 Einw.), die zweitgrößte Stadt im Kanton Bern, verdient nicht nur wegen ihrer hübschen Lage an der Nordostspitze des 39 km² großen Bielersees (Lac de Bienne) einen Besuch. Das Neben- und Durcheinander von Französisch und Schwyzerdütsch verleiht ihr einen eigenen Reiz.

Die Gegend war bereits in vorgeschichtlicher Zeit besiedelt, wie das im **NMB (Neues Museum Biel)** ausgestellte Fundmaterial belegt. Besonders eindrucksvoll sind die Überreste von Pfahlbausiedlungen aus dem Neuenburger und Murtensee (Seevorstadt 52, 2502 Biel/Bienne, www.nmbiel.ch; tgl. außer Mo 11 bis 17 Uhr).

Zentrum des historischen Ortskerns ist der **Ring,** eine malerische Platzanlage mit Zunfthäusern, dem schönen Vennerbrunnen (1546) und der spätgotischen Stadtkirche.

Karte S. 52

Kulturhistorische Sehenswürdigkeiten und landschaftlich reizvolle Ziele machen Biels Umgebung besonders interessant, allen voran die **St. Petersinsel** 22 D3, zu der man mit dem Boot übersetzen kann. Streng genommen handelt es sich bei dem Naturschutzgebiet um eine Halbinsel, auf der 1765 der Schriftsteller Jean-Jacques Rousseau lebte.

Sehenswert ist auch das mittelalterliche Städtchen **Le Landeron,** ferner der für sein prächtiges Alpenpanorama berühmte Aussichtsberg **Chasseral** (1607 m), auf den eine kurvenreiche Straße führt.

Großer Beliebtheit erfreuen sich die **Dreiseenrundfahrten** auf Bieler-, Neuenburger- und Murtensee, die durch Kanäle miteinander verbunden sind, oder von Biel auf der Aare bis Solothurn (Bielersee Schifffahrt, Badhausstr. 1a, 2501 Biel, Tel. 032 329 88 11, www.bielersee.ch).

HOTELS

Elite €€–€€€

Frisch restauriertes Art-déco-Hotel in zentraler Lage. Hervorragende mediterrane Küche im Brasserie-Restaurant.

- Bahnhofstr. 14 | 2501 Biel
  Tel. 032 328 77 77
  www.hotelelite.ch

Kreuz €€

Idylllischer Landgasthof am Nordufer des Bielersees, 13 km von Biel entfernt, mit Wellnessbereich und familieneigenem Weinbau (»Ligerzer«).

- Hauptstr. 17 | 2514 Ligerz
  Tel. 032 315 11 15
  www.kreuz-ligerz.ch

DELÉMONT UND DER JURA

Delémont (12 600 Einw.) 23 E2/3, der Hauptort des Kantons Jura, bietet sich als Standort für alle an, die den Jura näher kennenlernen möchten, sei es per Auto, zu Fuß oder auch mit dem Fahrrad. Der Ort wird vom Barockschloss dominiert, das den Basler Bischöfen einst als Sommerresidenz diente.

Das verträumte Brückenstädtchen **Saint-Ursanne** 24 D2 am Fluss Doubs bezaubert jeden Besucher. › mehr S. 16 Punkt 26 Das reich skulptierte Portal der romanischen Stiftsbasilika ist wahrscheinlich der Galluspforte am Basler Münster nachempfunden.

Saignelégier 25 D3 (2600 Einw.) ist das Zentrum der in den Franches Montagnes (Freibergen) betriebenen Pferdezucht. Das weite Hochplateau südlich des Doubs, der hier die Grenze zu Frankreich bildet, ist ein reizvolles Wandergebiet; im Winter kann man Skilanglauf betreiben. Jedes Jahr am zweiten Augustwochenende findet ein großer Pferdemarkt statt.

HOTEL

Le Midi €

Das historische Haus vom Ende des 19. Jhs. in Bahnhofsnähe ist auch für seine marktfrische Küche in der eigenen Brasserie bekannt.

- Place de la Gare 10
  2800 Delémont
  Tel. 032 422 17 77
  www.hoteldumidi.ch

BASEL, BERN UND BERNER OBERLAND

Am Basler Marktplatz

Karte S. 74

Dieses vielgestaltige Gebiet umfasst die atemberaubenden Alpengipfel von Eiger, Mönch und Jungfrau ebenso wie das dicht besiedelte Mittelland und zwei der bedeutendsten Schweizer Städte: Basel und Bern.

Zwischen der Nordwestecke der Schweiz und dem Berner Oberland liegen zwei der großen Schweizer Städte, das flache Mittelland und die Bergwelt der Jungfrauregion.

Basel, die drittgrößte Stadt der Schweiz, wird hauptsächlich durch den Rhein geprägt, die Lebensader der Nordwestschweiz. Südlich von Basel und östlich des Juragebirges beginnt das ausgedehnte **Schweizer Mittelland,** das etwa ein Drittel der Landesfläche einnimmt. Bedeutende Städte hier sind die Bundesstadt **Bern,** deren historisches Zentrum UNESCO-Weltkulturerbe ist, und die Barockstadt **Solothurn**.

In Thun am gleichnamigen See beginnt das **Berner Oberland,** jene so typisch schweizerisch wirkende Hochgebirgs-Bilderbuchlandschaft am Oberlauf der Aare.

Das zwischen Thunersee und Brienzersee gelegene **Interlaken** bildet das Tor zur Bergwelt des Jungfraumassivs. Über dem hübschen **Grindelwald** erhebt sich die berühmt-berüchtigte Eigernordwand.

TOUREN IN DER REGION

TOUR 4

DURCH BASELLAND UND AARGAU

ROUTE: Basel > Augusta Raurica > Rheinfelden > Brugg > Aarau > Basel

KARTE: Seite 74

DAUER: 1 Tag, 155 km

PRAKTISCHE HINWEISE:

- Am besten fahren Sie mit dem PKW.
- Augusta Raurica ist tgl. 10–17 Uhr geöffnet.

TOUR-START:

Von **Basel** 1 > S. 73 ist es nicht weit bis **Augusta Raurica** 2 > S. 79, die bedeutendste antike Ausgrabungsstätte des Landes.

Zu beiden Seiten des Rheins liegt das in eine schweizerische und eine deutsche Hälfte geteilte und durch eine Brücke verbundene **Rheinfelden** F2 mit hübschem Stadtkern. Etwas weiter folgt an einem alten Aareübergang **Brugg** F2, ebenfalls mit historischer Altstadt.

Aarau 3 > S. 79 lohnt einen Halt v. a. wegen der bemalten Fassaden und Giebel in der Altstadt und dem »Schlössli« aus dem 13. Jh. Am Ende kehrt man nach Basel zurück.

TOUR 5

ZU DEN SEEN IM BERNER OBERLAND

ROUTE: Bern > Thun > Spiez > Interlaken > Meiringen > Brienz > Beatushöhlen > Bern
KARTE: Seite 74
DAUER: 1 Tag, 175 km
PRAKTISCHE HINWEISE:
- Wer frühmorgens in Bern startet, wird durch die Sicht auf die Berner Alpen in der Morgensonne belohnt.

TOUR-START:

Diese Rundreise führt von **Bern** 6 › S. 81 aus zunächst nach **Thun** 7 › S. 85, dem Tor zur Seenwelt des Berner Oberlandes.

Entlang der südwestlichen Seeseite, wo viele der für diese Gegend typischen Häuser im Chaletstil zu sehen sind, fährt man dann via **Spiez** › S. 89 nach **Interlaken** 11 › S. 87. Das Magische an diesem touristisch bedeutenden Ort ist die freie Sicht auf das Jungfraumassiv, die man bei einer Mittagspause im bekannten Restaurant Schuh (€€, tgl. ab 9 Uhr) am Höheweg besonders gut genießen kann.

Entlang dem südlichen Ufer von Brienzersee und Aare geht es weiter nach **Meiringen** 10 › S. 87, wo man auf den Spuren von Sherlock Holmes wandeln kann. Auf der anderen Flussseite erreicht man dann **Brienz** 9 › S. 86.

Nach einer gemütlichen Fahrt am Nordufer von **Brienzersee** und **Thunersee** entlang und einem Besuch der eindrucksvollen **Beatushöhlen** 8 › S. 86 geht es via Thun zurück nach Bern.

UNTERWEGS IN DER REGION

BASEL 1 E2

Die nach Zürich und Genf drittgrößte Stadt der Schweiz (172 000 Einw.) liegt zwischen Jura- und Schwarzwaldhöhen an einem alten Rheinübergang. Der weit geschwungene Bogen des Rheinknies trennt die beiden Stadtteile Groß- und Kleinbasel. Das Südwestufer des Flusses im historischen Siedlungskern von Großbasel wird vom romanisch-gotischen Münster, dem Wahrzeichen der Stadt, überragt. Den schönsten Blick auf die doppeltürmige Stadtsilhouette hat man vom Oberen Rheinweg am jenseitigen Ufer, wohin die **Münsterfähre** verkehrt: An einem über den Fluss gespannten Drahtseil befestigt, wird das Schiff durch die Strömungskraft des Wassers angetrieben.

Der von den Römern angelegte Stützpunkt Basilea wurde 374 erstmals urkundlich erwähnt. Mit dem Brückenbau über den Rhein im Jahr

1225 begann der Aufstieg zum Handelsplatz.

Das Basler Konzil (1431–1447), die Universitätseröffnung (1460) und das Messeprivileg (1471) festigten die Stellung der Rheinstadt kulturell und wirtschaftlich. 1501 trat Basel der Eidgenossenschaft bei. 1833 kam es nach bürgerkriegsähnlichen Wirren zur Trennung in die beiden Halbkantone Basel-Stadt und Basel-Landschaft.

Der Rhein, der große europäische Strom, aber auch die Lage im Dreiländereck Schweiz – Deutschland – Frankreich haben das Wesen der Stadt Basel geprägt: weltoffen, zum Handelszentrum prädestiniert, doch seit jeher auch Kunst und Wissenschaft zugetan. Auch das Basel von heute bietet ein reiches Kulturleben. Von überragender wirtschaftlicher Bedeutung ist die chemisch-pharmazeutische Industrie.

RATHAUS A

Mittelpunkt der Basler Altstadt ist der Marktplatz, um dessen Blumen- und Gemüsestände tagsüber meist ein reges Treiben herrscht. Blickfang ist hier die rote, bemalte Sandsteinfassade des Rathauses. Das 1513 errichtete Gebäude wurde ein Jahrhundert später um den Anbau links erweitert, 1904 fügte man den Turm hinzu (Besichtigung nur im Rahmen von Führungen).

NATURHISTORISCHES MUSEUM/ MUSEUM DER KULTUREN B

»Schauplatz Natur«, »Dino & Saurier« oder »Feuer & Wasser« heißen einige der eindrucksvoll gestalteten Ausstellungen des Naturhistorischen Museums; im angegliederten Museum der Kulturen sind swertvolle Südsee- und Altamerikasammlungen zu sehen (Augustinergasse 2, Tel. 0451 612 66 55 00 www.nmbs.ch; tgl. außer Mo 10–17 Uhr).

TOUREN IM NORDEN, IN DER ZENTRALSCHWEIZ UND IM BERNER OBERLAND

TOUR 4

DURCH BASELLAND UND AARGAU

Basel > Augusta Raurica > Rheinfelden > Brugg > Aarau > Basel

TOUR 5

ZU DEN SEEN IM BERNER OBERLAND

Bern > Thun > Spiez > Interlaken > Meiringen > Brienz > Beatushöhlen > Bern

TOUR 6

UM DEN VIERWALDSTÄTTERSEE > S. 91

Luzern > Pilatus > Altdorf > Brunnen > Schwyz > Goldau > Rigi > Immensee > Küssnacht am Rigi > Luzern

TOUR 7

ÜBER DEN BRÜNIGPASS > S. 92

Luzern > Sarnen > Brünigpass > Brienz/ Meiringen

TOUR 8

GROSSE NORDOSTRUNDFAHRT > S. 102

Zürich > Rapperswil > Walensee > Maienfeld > Bad Ragaz > Vaduz > Appenzell > St. Gallen > Winterthur > Zürich

TOUR 9

ZUM RHEINFALL > S. 103

Zürich > Winterthur > Rheinfall > Schaffhausen > Stein am Rhein > Zürich

MÜNSTER C ★

Nach nur wenigen Schritten weiter steht man vor der rötlichen Sandsteinfassade des Basler Münsters. Im Wesentlichen handelt es sich um eine spätromanische Basilika aus dem 12. Jh. mit Querhaus und Chorumgang, doch sind die gotischen Akzente unübersehbar. Nach dem Erdbeben von 1356 wurde der Wiederaufbau im gotischen Stil vorangetrieben.

ST.-ALBAN-VORSTADT

Die im alten Gewerbeviertel St. Alban seit Mitte des 15. Jhs. betriebene Papierherstellung wird in der **Basler Papiermühle** dokumentiert (St.-Alban-Tal 37, www.papiermuseum.ch; tgl. außer Mo 11–17, Sa ab 13 Uhr).

Nicht weit davon entfernt stehen die gotische **St.-Alban-Kirche** und das **Museum für Gegenwartskunst,** das u. a. Werke von A. R. Penck und Joseph Beuys zeigt (St.-Alban-Rheinweg 60, www.kunstmuseumbasel.ch; tgl. außer Mo 11–18, Mi bis 20 Uhr).

Von hier sind es nur noch ein paar Schritte zum Haupthaus des **Kunstmuseums** D. 1661 erwarb die Stadt die Sammlung Basilius Amerbach; sie bildete den Grundstock der ältesten öffentlichen Gemäldegalerie Europas. Heute zählt das Kunstmuseum zu den großen Häusern des gesamten Kontinents. Besonders reich vertreten ist die oberrheinisch-schweizerische Malerei des 15. und 16. Jhs. mit Werken von Konrad Witz, der Holbein-Familie und anderen bedeutenden Künstlern. Ein zweiter Schwerpunkt liegt auf der Kunst des 20. Jhs. (St.-Alban-Graben 16, www.kunstmuseumbasel.ch; tgl. außer Mo 11 bis 17, Mi bis 20 Uhr).

Jenseits des St.-Alban-Grabens präsentiert das **Antikenmuseum** immer wieder interessante Sonderausstellungen (St.-Alban-Graben 5, www.antikenmuseumbasel.ch; tgl. außer Mo 11–17, Do/Fr bis 22 Uhr).

MUSEUM FÜR WOHNKULTUR E

Im Haus zum Kirschgarten kann man sich mit der Basler Wohnkultur des 18. und 19. Jhs. vertraut machen. Das 1780 errichtete Haus zeigt u. a. alte Uhren, historisches Spielzeug und Porzellan (Elisabethenstr. 27/29, www.hmb.ch; Mi–So 11 bis 17 Uhr).

FASNACHTSBRUNNEN F

Ein Anziehungspunkt ganz anderer Art ist der beliebte Brunnen vor der Kunsthalle, der 1977 von Jean Tinguely als turbulentes Wasserspiel geschaffen wurde. Es spritzt und quietscht, wenn die Maschinen das Wasser bewegen.

HISTORISCHES MUSEUM G

Die Sammlung in der ehemaligen Barfüßerkirche der Franziskaner am gleichnamigen Platz umfasst ur- und frühgeschichtliche Funde, Kunst des Mittelalters und Goldschmiedearbeiten aus dem Münster. Der restaurierte Bau gilt in seiner spartanischen Strenge als gutes Beispiel der Bettelordenarchitektur des frühen 14. Jhs. (Barfüsserpl., www.hmb.ch; tgl. außer Di 10–17 Uhr).

SPALENTOR H

Das Wahrzeichen Basels wird im Mittelteil von zwei zinnenbekrönten Türmen flankiert. Viele halten das Tor für das schönste seiner Art in der Schweiz. Auffallend für ein Befestigungswerk ist der reiche Bauschmuck.

MUSEUM TINGUELY I

Rheinaufwärts steht das vom bekannten Tessiner Architekten Mario Botta entworfene Museum im Solitudepark. Es gewährt einen guten Überblick über die skurrilen, witzigen Arbeiten von Jean Tinguely (1925–1991), der vor allem durch seine beweglichen und teils auch tönenden oder rauchenden Eisenkonstruktionen berühmt wurde (Paul-Sacher-Anlage 2, www.tinguely.ch; tgl. außer Mo 11–18 Uhr).

FONDATION BEYELER

Die Kunstsammlung der klassischen Moderne von Hildy und Ernst Beyeler im Basler Vorort Riehen gilt als Perle der Schweizer Museums- und Kulturmetropole. (Baselstr. 101, 4125 Riehen, www.fondationbeyeler.ch; tgl. 10–18, Mi bis 20 Uhr). › mehr S. 16 Punkt 27

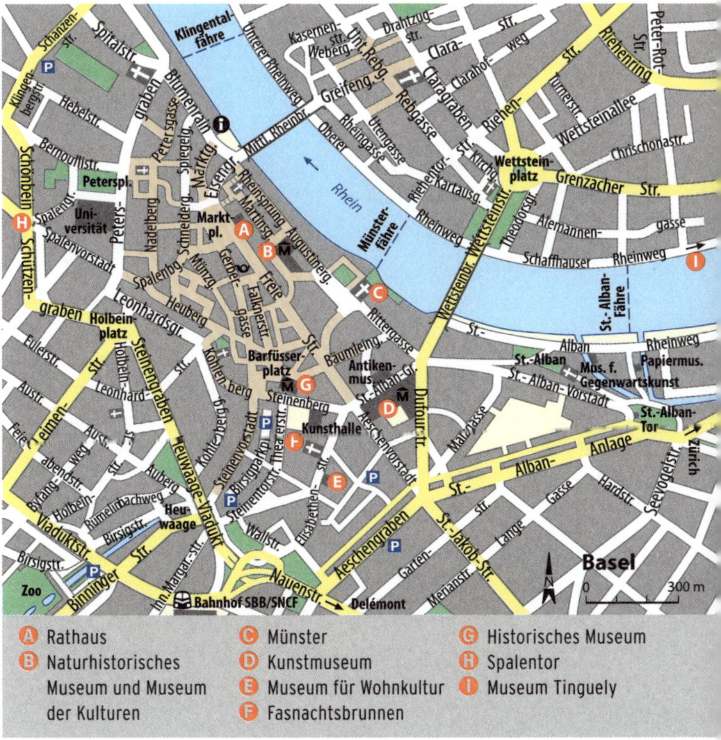

A Rathaus
B Naturhistorisches Museum und Museum der Kulturen
C Münster
D Kunstmuseum
E Museum für Wohnkultur
F Fasnachtsbrunnen
G Historisches Museum
H Spalentor
I Museum Tinguely

Karte S. 77

INFO

Basel Tourismus

- Stadt-Casino am Barfüsserplatz
  4001 Basel
  Tel. 061 268 68 68
  www.basel.com
  Mo–Fr 9–18.30, Sa 9–17, So 10–15 Uhr

FLUGHAFEN

EuroAirport Basel-Mulhouse-Freiburg

Pendelbus Linie 50 zum Bahnhof SBB (5 km, ca. 21 Min).

- www.euroairport.com

HOTELS

Les Trois Rois €€€

Das aufwendig renovierte Grandhotel »Drei Könige« direkt am Rhein ist eines der ältesten Stadthotels Europas und verbindet exklusive Wohnlichkeit mit behaglicher Noblesse.

- Blumenrain 8 | 4001 Basel
  Tel. 061 260 50 50 | www.lestroisrois.com

Der Teufelhof Basel €€€

Vornehmes Komforthotel mit allerlei Kunst an den Wänden und auf den Tellern im dazugehörigen Gourmetrestaurant Bel Etage.

- Leonhardsgraben 49 | 4051 Basel
  Tel. 061 261 10 10 | www.teufelhof.com

Resslirytti €€

Traditionsreiches Kleinhotel nahe der Messe mit persönlicher Betreuung.

- Theodorsgraben 42 | 4058 Basel
  Tel. 061 691 66 41
  www.resslirytti.ch

RESTAURANTS

Stucki €€€

Im Basler Spitzenlokal kreiert Tanja Grandits kreative, leicht asiatisch angehauchte Gerichte und wurde dafür mit 18 Gault&Millau-Punkten ausgezeichnet.

- Bruderholzallee 42 | 4059 Basel
  Tel. 061 361 82 22 | www.stuckibasel.ch
  So/Mo geschl.

Löwenzorn €€

Die traditionelle Basler Wirtschaft und Fasnachtshochburg rühmt sich ihrer bürgerlichen Küche, ihres romantischen Innenhofs und schöner Zunftsäle, die teils noch aus dem 16. Jh. stammen.

- Gemsberg 2/4 | 4051 Basel
  Tel. 061 261 42 13 | www.loewenzorn.ch
  So/Mo geschl.

Gifthüttli €

Gemütliche Altstadtbeiz mit großer Auswahl an feinen Cordons bleus auf zwei Etagen.

- Schneidergasse 11 | 4051 Basel
  Tel. 061 261 16 56
  www.gifthuettli.ch

SHOPPING

- Basels Shoppingmeile ist die **Freie Strasse**.
- Ein begehrtes süßes Souvenir sind die »Basler Läckerli« (**Läckerli-Huus,** Gerbergasse 57 und Greifengasse 2).
- Mo–Sa **Markt** beim Rathaus; Sa **Flohmarkt** auf dem Petersplatz.

NIGHTLIFE

Kunterbunt ist die Kleintheaterszene, interessant sind u. a.:

- **Baseldytschi Bihni** (Im Lohnhof 4, www.baseldytschibihni.ch).
- **Fauteuil** (Spalenberg 12, www.fauteuil.ch)
- Jazzfreunde besuchen **The Bird's Eye** (Kohlenberg 20, www.birdseye.ch, Di–Sa).

AUSFLUG NACH AUGUSTA RAURICA 2 E2

Wenige Kilometer östlich von Basel stößt man auf frühe Zeugen der Geschichte. Unweit von Augst liegt die bedeutendste antike Ausgrabungsstätte der Schweiz. Ein eindrucksvolles Amphitheater und Reste von Tempeln sind hier erhalten. Informativ ist auch ein Besuch im Römerhaus (Giebenacherstr. 17, 4302 Augst, www.augustaraurica.ch; tgl. 10–17 Uhr).

AARAU 3 F3

Im Jahr 1798, zu Zeiten der Helvetischen Republik, war Aarau (21 300 Einw.) kurzzeitig die Hauptstadt der Schweiz, wurde aber noch im selben Jahr von Luzern und später von Bern abgelöst. Gegründet wurde der heutige Hauptort des Kantons Aargau von den Grafen von Kyburg Mitte des 13. Jhs. auf einem Felsvorsprung über der Aare.

In der historischen Altstadt fallen besonders die kunstvoll bemalten Häuserfassaden und Dachuntersichten auf. Das älteste erhaltene Gebäude der Stadt ist das »Schlössli« aus dem 13. Jh. (Schlossplatz 23). In Aarau legte übrigens Albert Einstein sein Abitur ab.

SOLOTHURN 4 E3

Wahrzeichen der »Ambassadorenstadt« Solothurn (16 700 Einw.) ist die **St.-Ursen-Kathedrale** (1773). Das Hauptwerk des schweizerischen Frühklassizismus fügt sich trotz seiner beachtlichen Ausmaße als Abschluss der Hauptgasse überraschend gut ins Ortsbild ein.

In dem vom Barock geprägten Stadtkern fallen weitere Bauten auf: der **Zeitglockenturm** (12. Jh.) mit seiner astronomischen Uhr (15./16. Jh.), die **Jesuitenkirche** (1689), deren üppiger Stuck von Tessiner Künstlern geschaffen wurde, und das im Kern gotische **Rathaus** (15./17. Jh.)

Beeindruckend ist auch der mächtige Bau des alten **Zeughauses** (1614) mit seiner großen Waffen- und Uniformsammlung.

Das **Historische Museum** im Schloss Blumenstein vermittelt einen guten Eindruck von der Wohnkultur des 18. Jhs. (Blumensteinweg 12, www.museumblumenstein.ch; Di–Sa 14–17 Uhr, So 10–17 Uhr, Eintritt frei).

Das **Kunstmuseum** zeigt Arbeiten von Schweizer Künstlern des 19. und 20. Jhs. (Werkhofstr. 30, www.kunstmuseum-so.ch; Di–Fr 11–17, Sa/So 10–17 Uhr).

HOTELS

Baseltor €€

Schmales Stadthotel mit 15 kleinen, aber feinen Zimmern. Einsehbare Küche, deren Speisen man auch im lauschigen Gartenrestaurant genießen kann.

- Hauptgasse 79 | 4500 Solothurn
  Tel. 032 622 34 22 | www.baseltor.ch

Hotel La Couronne €€

Das historische Boutiquehotel im Herzen der Altstadt wurde aufwendig umgebaut und gefällt mit privatem Flair.

Karte S. 74

- Hauptgasse 64 | 4500 Solothurn
  Tel. 032 625 10 10
  www.lacouronne-solothurn.ch

RESTAURANT

Roter Turm €€

Gutbürgerliche Küche zu bodenständigen Preisen serviert die Turmstube im Parterre, ergänzt um das Gourmetrestaurant »La Tourelle« in der 5. Etage mit Aussichtsterrasse.

- Hauptgasse 42 | 4500 Solothurn
  Tel. 032 622 96 21 | www.roterturm.ch

Zum Alten Stephan €€

Beliebte Beiz mit Zunftstube im 1. Stock; mit 17 Punkten im Gault&Millau die beste Adresse in Solothurn.

- Friedhofplatz 10 | 4500 Solothurn
  Tel. 032 622 11 09 | www.alterstephan.ch
  So/Mo geschl.

Glückliche Kühe im schönen Emmental

EMMENTAL 5 E/F4

Der Name des hügeligen Tals mit seinen glücklichen Kühen, hübschen Dörfern und stattlichen Bauernhäusern sowie des berühmten Emmentaler Käses geht auf den Fluss Emme zurück, der sich durch dieses Bilderbuchidyll schlängelt.

Am westlichen Taleingang liegt die sehenswerte Stadt **Burgdorf** (16 300 Einw.), überragt vom mächtigen Schloss (12. Jh.). Der einstige Sitz der Berner Vögte wird bis 2020 aufwendig umgebaut, um dann ein neues Museum, Gastronomie und ein Trauungslokal zu beherbergen (www.schloss-burgdorf.ch).

Der zweite große Ort ist **Langnau i. E.** (9400 Einw.).

Im Emmental sollte man unbedingt die **Schaukäserei** besuchen (Schaukäsereistr. 6, 3416 Affoltern i.E., www.emmentaler-schaukaeserei.ch, April–Okt. tgl. 9–18.30, Nov. bis März 9–17 Uhr, Eintritt frei).

HOTEL

Stadthaus €€

Das einstige Rathaus von Burgdorf hat sich zu einem vornehmen Hotel mit sehenswertem Innenhof und elegantem Restaurant gewandelt.

- Kirchbühl 2 | 3402 Burgdorf
  Tel. 034 428 80 00 | www.stadthaus.ch

RESTAURANT

Landgasthof Löwen €€

Der vor mehr als 600 Jahren erstmals erwähnte Landgasthof 4 km östlich von Burgdorf bietet ausgezeichnete Emmentaler Küche in gleich sieben verschiedenen Stuben und einem großen Festsaal.

• Dorfstr. 2 | 3412 Heimiswil
Tel. 034 422 32 06
www.loewen-heimiswil.ch
So/Mo geschl.

BERN 6 E4

Im Herzen des Landes nahe der deutsch-französischen Sprachgrenze gelegen, ist Bern (134 000 Einw.), Hauptstadt des gleichnamigen Kantons, zwar die Bundesstadt der Eidgenossenschaft – eine »Hauptstadt« kennt die Schweizer Verfassung nicht –, aber weder ihr kulturelles noch wirtschaftliches Zentrum. Dafür wirkt Bern, dessen einmalig schöner historischer Kern auf einer von der Aare umflossenen Sedimenthalbinsel liegt, auf den Besucher ganz besonders schweizerisch. Hierzu trägt nicht nur die sehr ausgeprägte Mundart »Bärndütsch« bei, sondern auch eine gewisse Behäbigkeit der Berner.

Bern wurde 1191 von Herzog Berchthold V. von Zähringen gegründet und erhielt nach dem Aussterben des Adelsgeschlechts 1218 die Reichsfreiheit. Mit dem Beitritt zur Eidgenossenschaft 1353 sicherte sich Bern Rückendeckung für seine Expansionspolitik. Nach der Eroberung der Waadt 1536 war Bern der größte Stadtstaat nördlich der Alpen. 1848 wurde Bern Sitz der Bundesbehörden.

ALTSTADT 3

Die Hauptachse des historischen Zentrums (UNESCO-Welterbe) mit Spital-, Markt-, Kram- und Gerechtigkeitsgasse verläuft vom Bahnhof zur Nydeggbrücke. Geprägt von Arkadengängen, den **Lauben,** bildet sie in ihrer Gesamtheit das bedeutendste historische Bauensemble der Schweiz.

DIE SPITALGASSE c2

Am Beginn der Spitalgasse erhebt sich die **Heiliggeistkirche** A, der bedeutendste protestantische Sakralbau der Schweiz, aus der Zeit des Barock. Wuchtige Sandsteinsäulen und eine umlaufende Galerie verleihen dem lichten Innenraum seinen eigenwilligen Charakter. Am Bärenplatz, an dem der **Käfigturm** B aus dem 16. Jh. die Blicke auf sich zieht, laden an lauen Tagen Straßencafés zur Rast ein.

AM KORNHAUSPLATZ cc2/3

Auf dem Kornhausplatz steht der originellste der zahlreichen Figurenbrunnen Berns, der **Kindlifresserbrunnen** C von 1546, der früher wohl als abschreckendes Beispiel für kleine Übeltäter gedacht war. Dominierendes Bauwerk am Platz ist das **Kornhaus** (1718), ein schönes Beispiel für die Baukunst des bernischen Hochbarock. Dahinter steht die **Französische Kirche** D, Ende des 13. Jhs. im kargen Stil der Bettelordensgotik errichtet und um 1754 teilweise barockisiert.

Das Wahrzeichen der Stadt ist der aus dem 12. Jh. stammende **Zytgloggeturm** E, einst Westtor der ersten Stadterweiterung. Die viel bestaunte astronomische Uhr mit Glockenspiel an der Ostseite setzt ihre Figuren kurz vor jeder vollen Stunde in Bewegung.

Die astronomische Uhr am Zytgloggeturm

KRAM- UND GERECHTIGKEITS-GASSE c3

Die Kramgasse mit ihren verspielten Barockfassaden ist das Schmuckstück unter den Berner Straßen. Zwei reich dekorierte Brunnen (16. Jh.) unterbrechen ihren Verlauf. Im Haus Nr. 49, wo Albert Einstein von 1902 bis 1909 lebte, erinnert eine kleine Ausstellung an den genialen Physiker (www.einstein-bern.ch; Feb.–Dez. tgl. 10–17 Uhr).

Die Hauptachse der Altstadt läuft in der Gerechtigkeitsgasse aus, die bei der **Nydeggkirche** F c4 endet. Der spätgotische Saalbau entstand über den Fundamenten der geschleiften Reichsburg.

BÄRENPARK c4

Als Verlängerung der Gerechtigkeitsgasse überspannt die Nydeggbrücke in 25 m Höhe die Aare. Ältester und bis 1844 einziger fester Flussübergang ist die benachbarte Untertorbrücke, 1461 in Stein ausgeführt. Auf der anderen Uferseite liegt der **Bärengraben** G von 1857.

Die Bären, im Volksmund »Mutzen« genannt, gehören zum Berner Stadtbild wie die Gondeln zu Venedig. Spätestens seit 1513, als die Berner Truppen von der Schlacht bei Novara ein lebendiges Exemplar als Kriegsbeute mitbrachten, hatten die Tiere hier eine Heimstatt. Seit 2009 siedeln die Bären auf einem 6000 m^2 großen Areal im Grünzug am Aareufer südlich des ursprünglichen Bärengrabens (www.baerenpark-bern.ch).

MÜNSTER H ★ c3

Überragt wird die Dächerlandschaft der Altstadt von dem 100 m hohen Turm des Münsters (Besteigung möglich). Zwischen der Grundsteinlegung 1421 und der Einwölbung des Kirchenschiffs liegen rund 150 Jahre. Der durchbrochene Turmhelm wurde erst 1893 nach dem Vorbild des Ulmer Münsters vollendet. Kunstgeschichtlich bedeutend ist das **Hauptportal** (1500) mit seinem reichen figürlichen Schmuck. Ein Highlight im Inneren stellen die **Glasgemälde** in den Fenstern des polygonalen Altarraums dar.

BUNDESHAUS I c2

Das 1902 errichtete und 2008 aufwendig renovierte Gebäude im Stil der florentinischen Renaissance beherbergt beide Kammern des eidgenössischen Parlaments, den Nationalrat und den Ständerat (tgl. Führungen). Von der **Bundesterrasse** hat man einen schönen Blick auf die ruhig dahinfließende Aare und die Berner Alpen.

AM HELVETIAPLATZ d3

Die Kirchenfeldbrücke, eine elegante Eisenkonstruktion, verbindet die Altstadt mit dem Helvetiaplatz, um den sich mehrere gute Museen

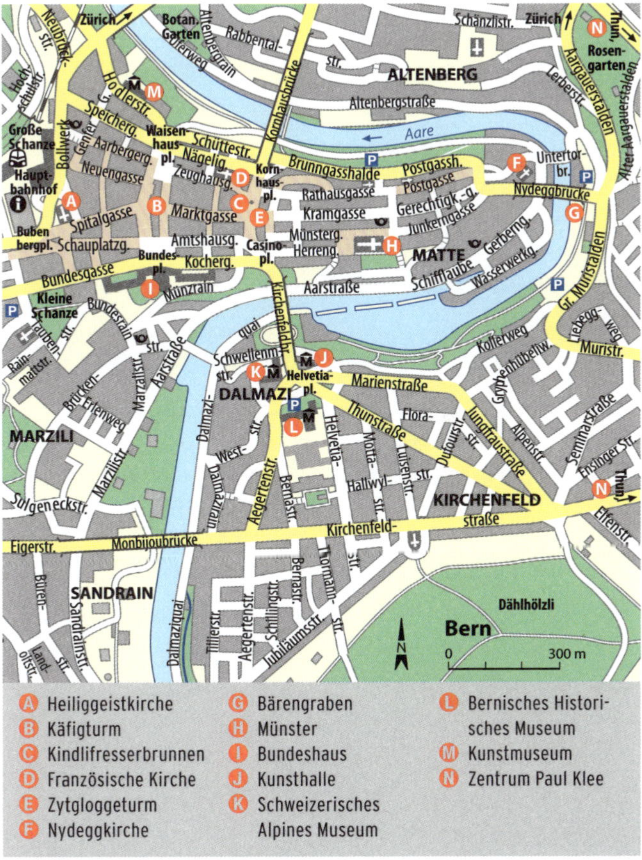

Ⓐ Heiliggeistkirche
Ⓑ Käfigturm
Ⓒ Kindlifresserbrunnen
Ⓓ Französische Kirche
Ⓔ Zytgloggeturm
Ⓕ Nydeggkirche
Ⓖ Bärengraben
Ⓗ Münster
Ⓘ Bundeshaus
Ⓙ Kunsthalle
Ⓚ Schweizerisches Alpines Museum
Ⓛ Bernisches Historisches Museum
Ⓜ Kunstmuseum
Ⓝ Zentrum Paul Klee

gruppieren. Die **Kunsthalle** J zeigt Wechselausstellungen zur Gegenwartskunst (www.kunsthalle-bern.ch; Di–Fr 11–18, Sa/So 10–18 Uhr); gegenüber überrascht das **Schweizerische Alpine Museum** K mit Wechselausstellungen zu aktuellen Bergthemen und dazu passendem Restaurant »las alps« (www.alpinesmuseum.ch; tgl. außer Mo 10 bis 17 Uhr).

Das **Bernische Historische Museum** L besitzt großartige Sammlungen zu Ur- und Frühgeschichte, Völkerkunde und Kunsthandwerk (www.bhm.ch; tgl. außer Mo 10 bis 17 Uhr). Im zweiten Stock des Gebäudes widmet sich das **Einstein Museum** auf 1000 m² dem Leben und Werk des berühmten Physikers, der zwischen 1902 und 1909 in Bern lebte.

BUNTE MÄRKTE

- Die größten **Flohmärkte** steigen samstags in Genf auf der Plaine de Plainpalais > S. 57, in Basel auf dem Petersplatz > S. 78 und in Zürich beim Bürkliplatz > S. 105.
- Zum täglichen Leben gehören traditionelle **Wochenmärkte**, z. B. am Marktplatz in Basel (Mo bis Sa), auf dem Bundesplatz in Bern (Di/Sa), an der Reuss in Luzern (Di/Sa) sowie auf der Piazza Grande in Locarno (Do).
- Ausgefalleneres gibt es beim **Kuriositätenmarkt** auf dem Rosenhof in Zürich (Do/Sa) > S. 108 und beim **Antiquitätenmarkt** auf der Piazzetta San Rocco in Lugano (Sa).
- Kreatives und Ungewöhnliches wird beim **Handwerkermarkt** auf dem Waisenhausplatz in Thun feilgeboten (4. Sa im Monat).
- Ganz speziell ist das bunte Treiben zwischen Altem, Neuem, Kunst und Kitsch beim **Nachtmarkt** in Burgdorf in der Oberstadt, viermal im Jahr am 3. Fr im März, Juni, Sept. und Dez., 17 bis 22 Uhr (www.burgdorf.ch).

KUNSTMUSEUM M b2/3

Das auf der Nordseite der Altstadt unweit des Bahnhofs gelegene Museum zeigt neben wechselnden Sonderausstellungen bernische Kunst vom 15. Jh. bis heute, Werke italienischer Maler (14. Jh.), französische Malerei des 19. Jhs. und Kunst des 20. Jhs. (Hodlerstr. 8–12, www.kunstmuseumbern.ch; Mi–So 10–17 Uhr, Di bis 21 Uhr).

ZENTRUM PAUL KLEE N

Das außergewöhnliche, wellenförmig gestaltete Gebäude des Stararchitekten Renzo Piano am Ostrand der Stadt zeigt die weltweit größte Sammlung von Werken des Berner Künstlers Paul Klee (Monument im Fruchtland 3, www.zpk.org; tgl. außer Mo 10–17 Uhr).

INFO

Bern Tourismus

- Bahnhofplatz 10a | 3001 Bern
  Tel. 031 328 12 12
  www.bern.com
  Mo–Sa 9–19, So bis 18 Uhr

Das 1902 erbaute Bundeshaus in Bern

HOTELS

Schweizerhof €€€

Das legendäre Luxushotel verknüpft nach jahrelangem Umbau traditionelle Werte mit frischem Design. Jack's Brasserie glänzt im Jugendstil.

- Bahnhofplatz 11 | 3001 Bern
  Tel. 031 326 80 80
  www.schweizerhof-bern.ch

Hotel Nydeck €€

Persönlich geführtes Traditionshotel in der unteren Altstadt.

- Gerechtigkeitsgasse 1 | 3011 Bern
  Tel. 031 311 86 86 | www.hotelnydeck.ch

RESTAURANTS

Altes Tramdepot €€

Brauereirestaurant mit deftiger Küche und zwei Biergärten mit herrlichem Blick auf die Altstadt.

- Grosser Muristalden 6 | 3006 Bern
  Tel. 031 368 14 15
  www.altestramdepot.ch

Harmonie €€

Im traditionsreichen Lokal beim Zytglogge-turm treffen sich Einheimische und Besucher, um typische Schweizer Gerichte zu genießen. Beliebt v. a. für Käsevariationen.

› **mehr S. 14 Punkt 17**

- Hotelgasse 3 | 3011 Bern
  Tel. 031 313 11 41
  www.harmonie.ch | Sa/So geschl.

SHOPPING

Di und Sa morgens **Gemüse- und Blumenmarkt.**

THUN 7 E5

Die Stadt (43 700 Einw.) am knapp 48 km² großen Thunersee gilt als Tor zum Berner Oberland.

Über der kleinen Altstadt thront das **Schloss,** in dessen mächtigem Bergfried das Historische Museum mit prähistorischen Sammlungen bis hin zu Ritterrüstungen untergebracht ist (www.schlossthun.ch; Febr.–März tgl. 13–16, April–Okt. 10–17, Nov. bis Jan. So 13–16 Uhr).

Im **Schloss Hünegg** im Vorort Hilterfingen residiert jetzt das Schweizerische Gastronomiemuseum (Staatsstr. 52, www.schlosshuenegg.ch; Mitte Mai–Mitte Okt. Di–Sa 14–17, So ab 11 Uhr).

INFO

Thun-Thunersee Tourismus

- Seestr. 2 | 3600 Thun
  Tel. 033 225 90 00 | www.thunersee.ch

RESTAURANT

Dampfschiff €€

Stattlicher Bau mit Terrasse über der Aare. Klassiker und Vegetarisches.

- Hofstettenstr. 20 | 3600 Thun
  Tel. 033 221 49 49
  www.dampfschiff-thun.ch
  Mo/Di geschl.

BEATUSHÖHLEN 8 E5

An der nördlichen Uferstraße des Thunersees (die auch eine schöne Sicht auf die Berner Alpen bietet) liegen die Beatushöhlen, deren Reiz die zahlreichen Wasserfälle und Tropfsteingebilde ausmachen. Zwischen ihnen fühlt man sich wie in einer Zauberwelt. Das einzige **Höhlenmuseum** der Schweiz zeigt die Arbeit der Höhlenforscher. In dieser Höhle lebte der Legende nach der Einsiedler Beatus, der von Petrus den Auftrag erhielt, die Menschen auf dem Gebiet der heutigen Schweiz zu bekehren (3800 Sundlauenen, www.beatushoehlen.ch; Mitte März–Mitte Nov. tgl. 9.45 bis 17 Uhr).

BRIENZ 9 F5

Der beliebte Ferienort (3100 Einw.) am Nordufer des lang gestreckten **Brienzersees** ist ein Zentrum der Schweizer Holzschnitzerei. Daneben ist er auch Anlaufstelle für Eisenbahnnostalgiker, denn von hier verkehrt die einzige noch dampfbetriebene Bergbahn der Schweiz hinauf aufs **Brienzer Rothorn** (Bergstation 2244 m).

Ein ebenso beliebtes Ausflugsziel sind die nachts beleuchteten **Giessbachfälle** am gegenüberliegenden Seeufer. > mehr S. 15 Punkt 23

Eine weitere, vor allem für Familien interessante Attraktion ist das **Schweizerische Freilichtmuseum Ballenberg.** Zu besichtigen sind rund 80 Wohn- und Zweckbauten aus verschiedenen Gegenden des Landes. Die Eingänge befinden sich bei Hofstetten und Brienzwiler (www.ballenberg.ch; April–Okt. tgl. 10 bis 17 Uhr). > mehr S. 16 Punkt 28

HOTEL

Grandhotel Giessbach €€

Das Bilderbuchhotel > S. 47 an den Giessbachfällen hoch über dem Brienzersee mit eigener Anlegestelle zählt zu den interessantesten historischen Hotels der Schweiz.

- 3855 Brienz | Tel. 033 952 25 25
  www.giessbach.ch
  April–Okt.

MEIRINGEN 10 F5

Der Hauptort des Haslitals (4700 Einw.) mit Seilbahn zu den Pisten am Hasliberg ist ein ideales Standquartier für Wanderer und Skifahrer. Hauptsehenswürdigkeit ist die taleinwärts liegende **Aareschlucht:** Auf 1,4 km hat sich der Fluss seinen Weg durch einen Felsriegel gebohrt. Tipp: den Hinweg zu Fuß und den Rückweg mit der kleinen Bahn absolvieren (www.aareschlucht.ch; Juli/Aug. 8.30–18.30, April–Juni, Sept./Okt. 8.30–17.30 Uhr.

INTERLAKEN 11 E5

Das Städtchen (5600 Einw.) breitet sich mit den Orten Unterseen und Matten auf dem Schwemmland des »Bödeli« zwischen Thuner- und Brienzersee aus. Dank des freien Blicks vom baumgesäumten Höheweg auf die firnbedeckte **Jungfrau** (4158 m) war Interlaken einer der ersten Schweizer Tourismusorte.

Die Entwicklung belegt das **Tourismuseum** in Unterseen (Obere Gasse 28, www.tourismuseum.ch; Mai–Mitte Okt. Mi–So 14–18 Uhr).

Ein unvergessliches Erlebnis ist der Sonnenaufgang von der Schynigen Platte (1967 m) vor der Parade der Bergriesen. Der Weg dorthin beginnt in Wilderswil (südlich von Interlaken) per Zahnradbahn.

HOTEL

Victoria-Jungfrau €€€

Das Grandhotel klassischer Prägung von 1864 mit Sicht auf die Jungfrau gehört zu Europas besten Wellnesshotels.

- Höheweg 41 | 3800 Interlaken
  Tel. 033 828 28 28
  www.victoria-jungfrau.ch

SHERLOCK HOLMES UND DER REICHENBACHFALL

Der Schöpfer des berühmtesten Detektivs der Welt, Sir Arthur Conan Doyle, wollte eines Tages seinen lästig gewordenen Helden loswerden und fand im Urlaub in Meiringen die ideale Kulisse für dessen fiktives Ableben. Am 300 m hohen Reichenbachfall inszenierte er die Geschichte »Das letzte Problem« mit einem atemberaubenden Kampf zwischen Sherlock Holmes und seinem Erzfeind Professor Moriarty. Doch die Fans protestierten lautstark, und so musste Doyle seinen Helden in weiteren Geschichten wieder zum Leben erwecken. Der Sturz am Reichenbachfall gilt seither als Beweis für Sherlock Holmes' Unsterblichkeit. Daher spielen viktorianisch gekleidete Mitglieder der Londoner »Holmes Society« das Ereignis regelmäßig am Originalschauplatz nach. Die **Reichenbachbahn** fährt seit 1899 entlang den tosenden Wassermassen auf eine Aussichtsplattform oberhalb der weiß markierten Kampfstelle.

Der Detektiv wird in Meiringen gleich doppelt geehrt: Eine nachdenklich anmutende Statue steht vor einem kleinen Museum mit einer Nachbildung von Holmes' Wohnzimmer in der Baker Street 221b (Bahnhofstr. 26, www.sherlockholmes.ch, Mai–Okt. 13.30–18, Dez.–April Sa/So 13.30–17.30 Uhr).

EIGER, MÖNCH, JUNGFRAU 4

Zu den bekanntesten Schweizer Alpengipfeln gehört zweifelsohne das **Jungfraumassiv** 12 F5, bestehend aus dem Dreigestirn Eiger (3970 m, mit der berüchtigten Eigernordwand), Mönch (4099 m) und Jungfrau (4158 m). Die Hochgebirgslandschaft ist auch Teil des UNESCO-Weltnaturerbes Jungfrau-Aletsch-Bietschhorn.

Von der Kleinen Scheidegg (mit der Bahn 1,5 Std. ab Interlaken) führt die 9,3 km lange **Jungfraubahn** zum höchsten Bahnhof Europas auf 3454 m. Die Aussichtsplattform »Top of Europe« bietet einen beeindruckenden Blick auf den **Großen Aletschgletscher** > S. 144.

JUNGFRAUPARK

Der 2003 bei Interlaken noch als »Mystery Park« eröffnete Erlebnispark thematisiert auf den Spuren Erich von Dänikens die unerklärlichen Rätsel der Welt. Verschiedene Themenpavillons führen in die Welt des Orients, zu den Maya, nach Nazca, mit einer U-Boot-Simulation in die Tiefsee, und sie berichten von den alten indischen Flugapparaten Vimana sowie den Steinkreisen von Stonehenge (Obere Bönigstr. 100, 3800 Matten, Tel. 033 827 57 57, www.jungfraupark.ch, Mai–Okt. tgl. 11–18 Uhr).

GRINDELWALD 13 ★ F5

Das Gletscherdorf (1034 m; 3800 Einw.) mit seinem hübschen Dorfkern zieht im Winter zahlreiche Wintersportler an, ist aber auch im Sommer als Luftkurort beliebt. Den wohl schönsten Blick auf die grandiose Kulisse Grindelwalds mit Eiger (3970 m), Mettenberg (3104 m) und Wetterhorn (3701 m) im Hintergrund hat man von Grindelwald-First aus (2167 m), das man mit der Gondelbahn erreicht.

Die Seilbahn zum Männlichen (2343 m) ist die längste Gondelbahn Europas; sie benötigt für die 6240 m lange Strecke eine halbe Stunde – zu Fuß ist man immerhin vier Stunden unterwegs.

Jährlich wird in Grindelwald die Weltmeisterschaft im Velogemel-Fahren abgehalten. Der Velogemel ist ein hier erfundenes Schneefahrrad mit Kufen statt Rädern > S. 29.

WENGEN UND MÜRREN

Zu beiden Seiten über dem Tal der Weißen Lütschine (Trümmelbachfälle) liegen auf sonnigen Höhenterrassen die autofreien Orte **Wengen** 14 F5 (1275 m) und **Mürren** 15 E5 (1639 m).

Von Mürren aus befördert eine Seilschwebebahn die Fahrgäste auf den Gipfel des **Schilthorns** ★ (2970 m), einen der spektakulärsten Aussichtspunkte der Schweizer Alpen. Vom Drehrestaurant **Piz Gloria**, das 1969 durch den James-Bond-Streifen »Im Geheimdienst

Parade der berühmten Gipfel – Eiger, Mönch und Jungfrau

Ihrer Majestät« bekannt wurde, genießt man eine 360°-Panoramasicht auf die Alpen (www.schilthorn.ch).

SIMMENTAL 16 E5

Bei **Spiez** E5 (12 700 Einw.) am westlichen Ufer des Thunersees beginnt das malerische Simmental, das sich in westlicher Richtung bis nach Saanen und Gstaad schlängelt.

Das »grünste Tal Europas« – so nannte es der Komponist Felix Mendelssohn-Bartholdy – mit dem Hauptort **Zweisimmen** D5 (947 m; 3000 Einw.) eignet sich ideal zum Wandern und bietet ein noch unberührtes Stück Schweiz, ein ländliches Idyll. Der **Jaunpass** D5 (1509 m) verbindet das Simmental mit dem Freiburgerland.

GSTAAD 17 D5

Jenseits der Wasserscheide von Saanenmöser (1279 m) im Saanenland liegt Gstaad (1050 m). Im berühmten, überwiegend autofreien Urlaubsort teilen sich im Winter Prominente und gewöhnliches Volk Lifte und Pisten. Beim Après-Ski ist eine gut gepolsterte Brieftasche sicher nicht von Nachteil.

Gstaad veranstaltet jedes Jahr ein internationales ATP-Tennisturnier, ebenso ein Poloturnier sowie mehrere Musikfestivals.

INFO

Gstaad Saanenland Tourismus

- Promenade 41 | 3780 Gstaad
  Tel. 033 748 81 81
  www.gstaad.ch

ZENTRAL-SCHWEIZ

Vom Pilatus aus hat man einen grandiosen Blick über den Vierwaldstättersee

Luzern am Vierwaldstättersee ist eine Schweizer Stadt wie aus dem Bilderbuch, die Touristen aus aller Welt anzieht. Ganz in der Nähe, auf der Rütliwiese bei Brunnen, liegt die Geburtsstätte der Eidgenossenschaft.

Die Region im Herzen des Landes gilt als Wiege der Schweiz. Hier begründeten die drei Urkantone Uri, Schwyz und Nidwalden 1291 die Eidgenossenschaft.

Das verbindende Element der Zentralschweiz ist der **Vierwaldstättersee** mit seiner stark verzweigten Form. Größte Stadt ist **Luzern** an der Westseite mit der hölzernen Kapellbrücke als Wahrzeichen. Weitere bekannte Orte sind **Altdorf, Schwyz** und **Zug.**

Nicht nur vom Luzerner Hausberg **Pilatus** und von der **Rigi** aus, sondern in der gesamten Region kann man den Ausblick auf die nahen Alpen genießen.

TOUREN IN DER REGION

TOUR 6

UM DEN VIERWALDSTÄTTERSEE

ROUTE: Luzern > Pilatus > Altdorf > Brunnen > Schwyz > Goldau > Rigi > Immensee > Küssnacht am Rigi > Luzern

KARTE: Seite 74
DAUER: 2 Tage, 110 km
PRAKTISCHE HINWEISE:

- Viele Orte der Tour erreicht man mit den Kursschiffen des Vierwaldstättersees. Um nach Schwyz und Goldau zu kommen und um einen Blick auf den Immensee zu werfen, braucht man allerdings das Auto.
- Auf den Pilatus und die Rigi fahren Zahnradbahnen.

TOUR-START:

Die große Rundtour startet in **Luzern** 18 › S. 93 und führt zunächst in südwestlicher Richtung auf den Hausberg **Pilatus** 19 › S. 97, den man mit der steilsten Zahnradbahn Europas erreicht. Am Südufer führt die Strecke bis in den Kanton Uri, in dessen Hauptort **Altdorf** 25 › S. 100 das berühmte Tell-Denkmal steht.

Auf der Fahrt über die Axenstraße Richtung Norden via Flüelen und Sisikon begeistert der hier **Urnersee** › S. 97 genannte Ausläufer des Vierwaldstättersees mit seiner tiefblauen Farbe vor imposanter Bergkulisse. Die Tellsplatte in **Sisikon** G4 erinnert an den Freiheitshelden Wilhelm Tell, der hier vom Boot des Landvogts Gessler sprang. In **Brunnen** 21 > S. 98 mit Blick auf die **Rütliwiese** auf dem Seelisberg wird übernachtet.

Am nächsten Tag führt die Tour nach **Schwyz** 22 > S. 98 und entlang des Lauerzersees nach **Goldau.** Hier beginnt die Fahrt mit der Zahnradbahn auf die **Rigi** 20 > S. 97.

Den **Immensee** entlang, einen Ausläufer des Zugersees, führt der Weg in das Städtchen **Küssnacht am Rigi** > S. 97 und von dort durch das vornehme Merlischachen und Meggen zurück nach Luzern.

TOUR 7

ÜBER DEN BRÜNIGPASS

ROUTE: Luzern > Sarnen > Brünigpass > Brienz/Meiringen

KARTE: Seite 74
DAUER: 1 Tag, 52 km
PRAKTISCHER HINWEIS:
- Diese Tour fährt man mit dem Auto und am besten bei gutem Wetter, weil dann die Farben des Lungernsees besonders gut zur Geltung kommen.

TOUR-START:

Der schönste Weg von der Zentralschweiz ins Berner Oberland führt über den **Brünigpass.** Von **Luzern** 18 > S. 93 aus wird der Vierwaldstättersee westlich umfahren. Hinter **Hergiswil** F4 mit seiner altehrwürdigen Glashütte (www.glasi.ch, Eintritt frei) wechselt man von der Autobahn auf die Landstraße Richtung Interlaken und gelangt zunächst nach **Sarnen** F4. Etwas östlich des Sarnersees liegt der kleine Ort **Flüeli-Ranft** F4, der vor allem als Wallfahrtsstätte berühmt wurde. In der Einsiedelei im Ranft lebte 20 Jahre lang der einstige Ratsherr Niklaus von Flüe – der später selig gesprochene Bruder Klaus. Eine willkommene Rast bietet das Restaurant im Jugendstilhotel **Paxmontana** (€€, 6073 Flüeli-Ranft, www.paxmontana.ch). Das 2011 restaurierte Haus am Jakobsweg bietet bodenständige Küche zu zivilen Preisen.

Am Ende des Sarnersees beginnt die Passstraße über den Brünig. Das beste Fotomotiv Richtung Inner-

DER TELL-PASS

Für ausgiebige Erkundungen in der Region lohnt sich der Kauf des **Tell-Passes,** der in sämtlichen öffentlichen Verkehrsmitteln gilt. Preise gestaffelt nach Dauer je nach Saison: 2 Tage im Winter 110 CHF, im Sommer 180 CHF. Wer im Winter 10 Tage bleibt, bekommt für 220 CHF den besten Deal. Kinder bis 16 Jahre in Begleitung eines Erwachsenen zahlen einmalig 30 CHF unabhängig von der Dauer. Gutscheine mit Angeboten zahlreicher Vertragspartner ist inbegriffen (www.tellpass.ch).

schweiz ergibt sich kurz hinter Giswil. Kurz vor der Passhöhe liegt **Lungern** F5 (750 m; 2100 Einw.) am gleichnamigen smaragdgrünen See. Hier gibt es den einzigen Schmetterlingspfad der Schweiz. Oben auf der Brünig-Passhöhe (1008 m) kann man nach Herzenslust in einem Antiquitätengeschäft stöbern. Gleich danach zweigt eine Straße in die Ferienregion **Haslital** (1082 m) ab. Nach der Passhöhe kann man den weiteren Weg entweder Richtung Westen nach **Brienz** 9 › S. 86 wählen, mit Besuch des **Freilichtmuseums Ballenberg** › S. 86 und dann weiter nach **Interlaken** 11 › S. 87, oder Richtung Osten nach **Meiringen** 10 › S. 87 fahren. Über den Pass verkehrt auch der Aussichtszug Golden Pass Panoramic › S. 151.

UNTERWEGS IN DER REGION

LUZERN 18 5 F4

Bei Luzern (81 400 Einw.) denkt man zunächst an Bilderbuchmotive wie die holzgedeckte Kapellbrücke vor dem Kranz der Alpengipfel oder an Raddampfer-Nostalgie auf dem Vierwaldstättersee. Vielleicht fallen einem aber auch die Besuchermengen ein, vor allem englischsprachige und asiatische Touristen.

Als Datum der Stadtgründung gilt 1178; 1332 schloss sich Luzern dem Bund der Urkantone an. Während der Reformation blieb der Ort katholisch und wurde dann Zentrum der Gegenreformation. Nach dem Zusammenbruch der Alten Eidgenossenschaft befand sich hier von 1798 bis 1799 der Sitz der helvetischen Regierung.

AM BAHNHOFPLATZ

Von der viel befahrenen **Seebrücke** A, die den Schweizerhofquai mit dem Bahnhofplatz verbindet, hat man den schönsten Blick auf Stadt, See und Berge. Markante Orientierungspunkte im Panorama sind südwestlich der Pilatus (2129 m) und südöstlich die Rigi (1798 m); auf beide führen Bergbahnen.

Neben dem Bahnhof setzt das vom französischen Architekten Jean Nouvel entworfene **Kultur- und Kongresszentrum (KKL)** einen modernen Akzent (www.kkl-luzern.ch). Das **Kunstmuseum** B im selben Komplex zeigt Wechselausstellungen (www.kunstmuseumluzern.ch; Di–So 11–18, Mi bis 20 Uhr).

Kunst der klassischen Moderne, darunter viele Werke Picassos, stellt die **Sammlung Rosengart** C nahe dem Bahnhof aus (Pilatusstr. 10, www.rosengart.ch; April–Okt. tgl. 10–18, Nov.–März 11–17 Uhr).

KAPELLBRÜCKE D

Das Wahrzeichen Luzerns ist die Kapellbrücke, die unterhalb der Seebrücke in schrägem Lauf die Reuss überquert. Die älteste gedeckte Holzbrücke Europas entstand

Eindrucksvoll breitet sich hinter Luzern das Alpenpanorama aus

Anfang des 14. Jhs. als Teil der Befestigungsanlagen. 1993 wurde sie durch einen Brand, dem auch der Bilderzyklus im offenen Dachstuhl zum Opfer fiel, schwer beschädigt. Nach fast originalgetreuem Wiederaufbau ist die Brücke heute wieder eines der beliebtesten Fotomotive der Stadt.

JESUITENKIRCHE E

Wenig weiter reussabwärts ragen am südlichen Flussufer die Zwillingstürme der Jesuitenkirche auf; sie ist der älteste große Barockbau der Schweiz (1669). Beeindruckend ist der weite, reich stuckierte Innenraum. An das Gotteshaus grenzt der **Rittersche Palast.** Ursprünglich gehörte der Renaissancebau den Jesuiten, seit 1804 dient er als Regierungsgebäude. In seinem Säulenhof fühlt man sich ins heitere Italien versetzt.

SPREUERBRÜCKE F

Über den Reuss-Steg gelangt man zur zweiten gedeckten Brücke Luzerns, der Spreuerbrücke – nur von hier durfte man früher Spreu und Laub in den Fluss werfen. Die Totentanzbilder im Dachstuhl schuf Kaspar Meglinger um 1630.

Neben dem Aufgang zur Brücke ist am Kasernenplatz 6 in einem stattlichen klassizistischen Bau (1811), das **Naturmuseum** untergebracht. Zur fesselnden Darstellung der Themen aus Ökologie und Zoologie gehören hier Aquarien und Terrarien mit lebenden Tieren (www.naturmuseum.ch; tgl. außer Mo 10–17 Uhr).

MUSEGGMAUER G

Von der Spreuerbrücke blickt man auf die Altstadt nördlich der Reuss, die sogenannte Großstadt, und auf die neuntürmige Museggmauer. Die

870 m lange, um 1400 angelegte Mauer gehört zu den besterhaltenen Wehranlagen im ganzen Land (im Sommer Besichtigung möglich).

HISTORISCHER STADTKERN

Mittelpunkt des Stadtkerns ist der von freskengeschmückten Häusern umrahmte **Weinmarkt**, von dem der Weg zum **Kornmarkt** führt. Dort steht das wuchtige **Rathaus** H, Anfang des 17. Jhs. unter Einbeziehung eines mittelalterlichen Turms errichtet – eine gelungene Verbindung von oberitalienischer Renaissance und heimischer Bauweise.

HOFKIRCHE I

Im Osten der Stadt streckt die Hofkirche ihre beiden gotischen Spitztürme in den Himmel. Sie sind Überreste einer 1633 abgebrannten Basilika. Der Spätrenaissancebau wird von einem Arkadengang nach der Art italienischer Camposanti (Friedhöfe) umzogen.

Am Fuß des Kirchenhügels steht das **Rothenburgerhaus** (um 1500), das älteste vollständig erhaltene bürgerliche Holzhaus der Schweiz.

AM LÖWENPLATZ

Durch die Löwenstrasse kommt man auf den Löwenplatz mit dem populären **Bourbaki-Panorama** J. Das riesige Rundgemälde von Edouard Castres, an dem auch der junge Ferdinand Hodler mitgearbeitet hat, stellt den Übertritt der französischen Ostarmee auf

A Seebrücke
B Kunstmuseum
C Sammlung Rosengart
D Kapellbrücke
E Jesuitenkirche
F Spreuerbrücke
G Museggmauer
H Rathaus
I Hofkirche
J Bourbaki-Panorama
K Löwendenkmal

Schweizer Territorium im Jahr 1871 dar (www.bourbakipanorama.ch; April–Okt. tgl. 9–18, Nov.–März tgl. 10–17 Uhr).

Ganz in der Nähe entdeckt man in einer kleinen Anlage das berühmte **Löwendenkmal** (K). 1821 nach einem Entwurf des dänischen Bildhauers Thorvaldsen geschaffen, erinnert es an den Heldentod der Schweizer Garde Ludwigs XVI. beim Sturm auf die Tuilerien (1792). Gleich daneben liegt der **Gletschergarten.** Nicht nur für Kinder sind die Versteinerungen, Gletscherschliffe und die bis zu 9 m tiefen Strudellöcher interessant (www.gletschergarten.ch; April–Okt. tgl. 9–18, Nov.–März 10–17 Uhr).

TECHNIK GANZ NAH

Seit vielen Jahren ist das Verkehrshaus der Schweiz in Luzerns östlicher Vorstadt (S-Bahnhof Luzern Verkehrshaus) das beliebteste Museum bei Schweizer Familien. Unzählige Exponate dokumentieren die Entwicklung aller Zweige des Verkehrswesens. Kleine Gäste können in einer Gotthardlok Zugführer oder in einer Coronado Flugkapitän spielen sowie im Planetarium die Illusion eines Weltraumflugs genießen (www.verkehrshaus.ch; im Sommer tgl. 10–18, im Winter tgl. 10–17 Uhr). > mehr S. 17

Punkt 33 Zum Verkehrshaus gehört ein eigenes 3D-Kino mit Riesenleinwand.

LANDHAUS TRIBSCHEN

Richard Wagner lebte von 1866 bis 1872 in diesem Haus am Südrand Luzerns und vollendete hier seine Opern »Siegfried« und »Die Meistersinger von Nürnberg« (Richard-Wagner-Weg 27, www.richard-wagner-museum.ch; April–Nov. tgl. außer Mo 11–17 Uhr).

INFO

Luzern Tourismus

- Bahnhofstr. 3 | 6002 Luzern
  Tel. 041 227 17 17
  www.luzern.com

HOTELS

Montana €€€

Oberhalb der Promenade gelegenes Art-déco-Hotel mit Aussicht auf den Vierwaldstättersee. Regelmäßige Jazzkonzerte in der Louis Bar.

- Adligenswilerstr. 22 | 6002 Luzern
  Tel. 041 419 00 00
  www.hotel-montana.ch

Wilden Mann €€

Romantisches Hotel in sieben miteinander verbundenen Altstadthäusern, in denen der Charme der vergangenen 500 Jahre noch zu spüren ist. In der rustikalen Bürgerstube kommt regionale Küche auf den Tisch.

- Bahnhofstr. 30 | 6003 Luzern
  Tel. 041 210 16 66
  www.wilden-mann.ch

RESTAURANTS

Old Swiss House €€€

Schweizer Küche auf hohem Niveau und gediegenes Ambiente mit vielen Antiquitäten. Das Wiener Schnitzel wird am Tisch zubereitet.

- Löwenplatz 4 | 6004 Luzern
  Tel. 041 410 61 71
  www.oldswisshouse.ch | Mo geschl.

Wirtshaus Taube €€
Regionale Spezialitäten, genau so, wie die Großmutter sie zubereitet hätte. > mehr S. 14 Punkt 14

- Bürgerstr. 3 | 6003 Luzern
  Tel. 041 210 07 47
  www.taube-luzern.ch
  So geschl.

SHOPPING

Die meisten Geschäfte sind in der Fußgängerzone zwischen dem Rathausquai und der Weggisgasse zu finden.

NIGHTLIFE

Grand Casino Luzern
Das Kasino mit dem hauseigenen Gourmetrestaurant Olivo liegt an der Seepromenade zwischen den Hotels National und Palace.

- Haldenstr. 6 | 6006 Luzern
  Tel. 041 418 56 56
  www.grandcasinoluzern.ch
  So–Do 9–4, Fr/Sa 9–5 Uhr

PILATUS 19 ★ F4

Um den Hausberg von Luzern ranken sich zahlreiche Mythen und Sagen von Drachen und dem Geist des Pontius Pilatus. Der zerklüftete Berg (2129 m) ist einer der besten Aussichtspunkte am nördlichen Alpenrand. Von Kriens führt eine Seilbahn bis unter den Gipfel. Reizvoller ist eine Fahrt von Alpnachstad mit Europas steilster Zahnradbahn (48 % Steigung) zum Pilatus-Kulm (www.pilatus.ch).

VIERWALDSTÄTTERSEE ★ G4

Die drei Urkantone Uri, Schwyz und Nidwalden sowie Luzern werden häufig auch als Waldstätte bezeichnet, daher der Name des vielgestaltigen Sees mit seiner charakteristischen Form. Der südliche Ausläufer heißt streng genommen **Urnersee,** so wie auch andere Seitenarme eigene Namen haben.

Der Vierwaldstättersee kann kaum eindrücklicher befahren werden als an Bord eines **Raddampfers.** Neben klassischen Rundfahrten ergänzen thematische Fahrten zu Villen und Schlössern oder ein Sonntagsbrunch an Bord das Angebot. Anlegestellen gibt es rund um den See; in Luzern ist der Anleger neben dem Bahnhof (Tel. 041 367 67 67, www.lakelucerne.ch).

An den Seeufern liegen sehenswerte Ortschaften, z. B. **Küssnacht am Rigi** oder das idyllische **Vitznau.** Eine prächtige Aussicht auf den See genießt man vom **Bürgenstock** aus (Bahn ab Schiffsanlegestelle Kehrsiten–Bürgenstock).

RIGI 20 G4

Östlich von Luzern liegt die inselartige Rigi (1798 m), die als erster Berg in Europa im Jahr 1871 durch eine Bahn erschlossen wurde. Zahnradbahnen verkehren von Vitznau am Vierwaldstättersee und von Goldau östlich des Immensees bis zum Erlebnis- und Erholungsparadies Rigi Kulm (www.rigi.ch).

Beliebt auf dem Vierwaldstättersee sind Fahrten mit dem Raddampfer

BRUNNEN 21 G4

Von den Quaianlagen des Ferienortes (8800 Einw.) am Vierwaldstättersee erkennt man am gegenüberliegenden Ufer den **Schillerstein** – ein Dank der Schweiz an den Dichter, der dem Freiheitshelden Wilhelm Tell zu spätem Ruhm verhalf.

Ganz in der Nähe befindet sich die **Rütliwiese,** auf der die Mannen von Uri, Schwyz und Unterwalden 1291 den »Ewigen Bund« schworen. Hier beginnt bzw. endet auch der **Weg der Schweiz,** ein ca. 35 km langer Wanderweg rund um den Urnersee, den die Kantone anlässlich der 700-Jahr-Feier der Eidgenossenschaft 1991 gestalteten.

HOTEL

Seehotel Waldstätter Hof €€

Traditionsreiches Erstklasshotel aus dem Jahre 1870 direkt am See mit Panoramablick auf Rütliwiese und Schillerstein sowie eigenem Spa.

- Waldstätterquai 6 | 6440 Brunnen
  Tel. 041 825 06 06
  www.waldstaetterhof.ch

SCHWYZ 22 G4

Dem Kantonshauptort (15 000 Einw.) am Fuß der 1899 m hohen Mythen verdanken die Schweizer Namen und Wappen.

Im Ortsbild fallen einige stattliche Gebäude auf, etwa das mit Freskengeschmückte **Rathaus** am Dorfplatz (1645) und das **Ital-Reding-Haus** (1609) mit seinen beiden Kuppeltürmchen, dessen Namensgeber als Söldner zu Ruhm und Wohlstand gekommen war. Heute beherbergt das Haus ein einzigartiges **Wohnmuseum.** Neben dem Herrenhaus liegt das älteste datierte Holzhaus der Schweiz (1287).

Wie die Menschen zwischen 1300 und 1800 im Gebiet der heutigen Schweiz lebten, zeigt das **Forum Schweizer Geschichte Schwyz** (Zeughausstr. 5, www.nationalmuseum.ch; tgl. außer Mo 10–17 Uhr).

Etwas außerhalb in Richtung Seewen bewahrt das **Bundesbriefmuseum** wichtige Urkunden für die Gründung und Geschichte der Eidgenossenschaft auf, darunter den Bundesbrief von 1291 (Bahnhofstr. 20, www.bundesbriefmuseum.ch; tgl. außer Mo 10–17 Uhr).

INFO

Schwyz Tourismus

- Zeughausstr. 10 | 6430 Schwyz
  Tel. 041 855 59 50
  www.schwyz-tourismus.ch

HOTEL

Wysses Rössli €€

Historisches Hotel mit renovierten Zimmern und guter Küche.

- Hauptplatz 3 | 6430 Schwyz
  Tel. 041 811 19 22
  www.wysses-roessli-schwyz.ch

ZUG 23 G3

Die freundliche Hauptstadt (30 200 Einw.) des gleichnamigen kleinen Kantons liegt am Nordostufer des 38 km² großen Zugersees. Von der Promenade aus hat man eine stimmungsvolle Sicht auf Pilatus und Rigi; dazwischen sind an Föhntagen sogar einige Viertausender der Berner Alpen auszumachen. Mittelpunkt der hübschen Altstadt ist der Kolinplatz mit dem Wahrzeichen des Orts, dem **Zytturm** von 1480 mit seiner astronomischen Uhr. Er ist einer von vier erhaltenen Türmen der mittelalterlichen Stadtmauer. Die in ihrem Kern auf das 11. Jh. zurückgehende Burg beherbergt das **Museum Burg Zug**, das sich mit der regionalen Kulturgeschichte befasst (Kirchenstr. 11, www.burgzug.ch; Di–Sa 14–17, So 10–17 Uhr).

Zug ist auch Sitz zahlreicher internationaler Konzerne. Symbolhaft erhebt sich der Glasturm der Marc Rich Group, die im internationalen Rohstoffhandel mitmischt.

INFO

Zug Tourismus

- Bahnhofplatz 5 | 6304 Zug
  Tel. 041 723 68 00
  www.zug-tourismus.ch

HOTEL

Ochsen Zug €€€

Gepflegtes 4-Sterne-Hotel in der Altstadt mit Wohlfühlatmosphäre, die 1797 schon Geheimrat Goethe schätzte.

- Kolinplatz 11 | 6300 Zug
  Tel. 041 729 32 32
  www.ochsen-zug.ch

EINSIEDELN 24 G4

Bereits 1358 ließ Rudolf IV. von Habsburg in Rapperswil eine erste Holzbrücke errichten, die vor allem dem Pilgerverkehr mit Einsiedeln (15 600 Einw.) diente. Dieser berühmteste Wallfahrtsort der Schweiz liegt in einer freundlichen Voralpenlandschaft unweit des aufgestauten Sihlsees. Die **Benediktinerabtei** geht auf das 10. Jh. zurück: 934 wurden über der Klause des 861 ermordeten hl. Meinrad die ersten Klosterbauten errichtet. Seine heutige Gestalt erhielt der stattliche Komplex im 17./18. Jh.

Die doppeltürmige **Kirche** (1735) gilt als bedeutendstes Barockbauwerk des Landes. Stuckaturen und Deckengemälde stammen von den Brüdern Asam aus Bayern, das perspektivische Chorgitter aus der Werkstatt von Vinzenz Nussbaumer. In der klassizistischen Kapelle von 1817 wird das Gnadenbild der »Schwarzen Muttergottes« aufbewahrt (8840 Einsiedeln, www.kloster-einsiedeln.ch).

HOTEL

Linde €€

Das Hotel-Restaurant am Klosterplatz verfügt über komfortable Zimmer und bietet spezielle Jakobspilger-Arrangements mit Eremitenmenü an.

- Schmiedenstr. 28 | 8840 Einsiedeln
  Tel. 055 418 48 48
  www.linde-einsiedeln.ch

ALTDORF 25 G4

Im Tellspielhaus des Kantonshauptorts Altdorf (9300 Einw.) finden alle drei Jahre Laienaufführungen von Schillers Drama »Wilhelm Tell« statt (Mitte Aug.–Mitte Okt. 2022, 2025 usw.).

ENGELBERG 26 G5

Der beliebte Ferienort (1000 m; 4200 Einw.) südlich des Vierwaldstättersees bietet sehr gute Sportmöglichkeiten von Gleitschirmfliegen bis Skilaufen am **Titlis** (3239 m; Seilbahn). Sehenswert ist das 1120 gegründete **Kloster** mit seiner üppig ausgestatteten Barockkirche und reichem Klosterschatz.

In der **Schaukäserei** im Kloster kann man nach der Vorführung gleich ein Stück Käse mitnehmen (Klosterhof 1, www.schaukaeserei-engelberg.ch; tgl. 9–18 Uhr).

Der Weg nach Engelberg führt durch **Stans** G4, den Hauptort des Kantons Nidwalden. Von hier fährt seit 2013 die weltweit erste offene Seilbahn **CabriO** (www.cabrio.ch) auf das Stanserhorn.

INFO

Engelberg Titlis Tourismus

- Klosterstr. 3
  6390 Engelberg
  Tel. 041 639 77 77
  www.engelberg.ch

ENTLEBUCH 27 F4

Die touristisch noch kaum entdeckte Region im Tal der Kleinen Emme zwischen Luzern und Bern grenzt an den Berg Napf (1408 m), in dessen Inneren einst Gold gefunden wurde. Bei Hochwasser gelangte es bis in den Rhein. Das Napfgebiet war also praktisch der Lieferant des Rheingolds. Hauptort des nur zu 2 % besiedelten Gebiets ist **Schüpfheim** (4200 Einw.).

Das Entlebuch ist ein Paradies für Wanderer, die mit Vorliebe auf den Bauernhöfen der Region übernachten. Seit 2001 gehört das Entlebuch zum UNESCO-Biosphärenreservat. › mehr S. 16 Punkt 30

ZÜRICH UND DER NORDOSTEN

Zürichs Altstadt – hier die Ecke Neumarkt und Rindermarkt – ist großteils Fußgängerzone

Karte S. 74

Die größte Stadt der Schweiz ist ein Shoppingparadies mit reichem Kulturleben. Folkloristische Traditionen findet man in Appenzell, die Klosterabtei St. Gallen ist UNESCO-Welterbe. Vaduz im Fürstentum Liechtenstein ist einen Abstecher wert.

Zwei große Seen prägen den Nordosten der Schweiz: einmal der **Zürichsee** mit der Wirtschaftsmetropole und heimlichen Hauptstadt **Zürich** sowie der an Deutschland und Österreich grenzende **Bodensee**. Dazwischen liegen mit **Winterthur** und **St. Gallen** zwei weitere bedeutende Städte.

Auch der voralpine Kanton Glarus, der **Rheinfall** bei Schaffhausen, das folkloristische **Appenzell** mit seinem Käse von Weltruf und das Fürstentum **Liechtenstein** lohnen einen Besuch. Die Ostschweiz ist im Ausland vor allem durch die Figur Heidi aus den Romanen von Johanna Spyri bekannt.

TOUREN IN DER REGION

TOUR 8

GROSSE NORDOST-RUNDFAHRT

ROUTE: Zürich > Rapperswil > Walensee > Maienfeld > Bad Ragaz > Vaduz > Appenzell > St. Gallen > Winterthur > Zürich

KARTE: Seite 74

DAUER: 3 Tage, 274 km

PRAKTISCHE HINWEISE:

- Die gemütliche Tour wird mit dem PKW unternommen.
- Man fährt am besten während der Woche, dann sind touristische Zentren wie Heidiland oder Vaduz nicht so überlaufen.

TOUR-START:

Von **Zürich** 28 > S. 103 geht es am **Zürichsee** 29 > S. 108 entlang nach **Rapperswil** 30 > S. 108 mit seiner blumengeschmückten Promenade. Das am **Walensee** > S. 113 beginnende »Heidiland« reicht bis nach **Maienfeld** > S. 113, wo die von Johanna Spyri verewigte Romanfigur lebte. Im Wellnessort **Bad Ragaz** 39 > S. 113 auf der anderen Rheinseite direkt gegenüber wird übernachtet.

Der zweite Tag führt ins **Fürstentum Liechtenstein**, wo das Postmuseum in **Vaduz** 38 > S. 112 nicht ausgelassen werden sollte. In **Appenzell** 37 > S. 112 kann man die Schaukäserei besuchen.

Die zweite Übernachtung sollte in **St. Gallen** 36 > S. 111 eingeplant werden. Dort ist die Besichtigung des Klosterbezirks mit der prunkvollen **Stiftsbibliothek** ein Muss.

Am Nachmittag geht es via **Winterthur** 32 › S. 109 mit seinen interessanten Museen zurück nach Zürich.

TOUR 9

ZUM RHEINFALL

ROUTE: Zürich › Winterthur › Rheinfall › Schaffhausen › Stein am Rhein › Zürich

KARTE: Seite 74

DAUER: 1 Tag, 133 km

PRAKTISCHE HINWEISE:

- Mit dem Auto eine Tagestour.
- Montags sind die meisten Museen in Winterthur geschlossen.

TOUR-START:

Ein interessanter Ganztagesausflug von **Zürich** 28 › S. 103 führt erst nach **Winterthur** 32 › S. 109, wo die Kunstmuseen und das Technorama einen Besuch lohnen.

Nach dem Kulturprogramm bietet der **Rheinfall** 34 › S. 110 kurz vor Schaffhausen ein grandioses Naturschauspiel: Auf einer Breite von 150 m tosen die Wassermassen des Rheins über eine 20 m hohe Schwelle in die Tiefe.

Ruhiger geht es im beschaulichen **Schaffhausen** 33 › S. 109 zu, dessen mächtige Festung **Munot** auf die hübsche Altstadt herabschaut. Der Rückweg nach Zürich erfolgt über das Städtchen **Stein am Rhein** 35 › S. 110, wo es ebenfalls eine schmucke Altstadt zu entdecken gibt.

UNTERWEGS IN DER REGION

ZÜRICH 28 ★ G3

Wenn Zürich auch nicht die Hauptstadt ist, so ist es doch die mit Abstand größte Stadt der Schweiz (410 000 Einw.) und deren wirtschaftliches Zentrum. Wer denkt bei Zürich nicht an die legendären Nummernkonten und die »Gnome« (Banker), deren Tresore als die sichersten der Welt gelten?

Natürlich gibt es neben geschäftlichen auch andere gute Gründe für einen Besuch der Limmatstadt, etwa die weltberühmte Bahnhofstrasse, Zürichs Shoppingparadies, oder die vielen Schlemmerlokale und Kneipen. Dazu kommen die renommierten Bühnen, interessanten Museen, trendigen Bars – und nicht zuletzt der Zürichsee, an dessen Nordspitze die Stadt liegt.

Schon um das Jahr 15 v. Chr. bauten die Römer auf dem heutigen Lindenhof eine Militärstation. In ihrem Schutz entstand der Marktflecken Turicum, dem die Stadt ihren Namen verdankt.

1351 trat Zürich der Eidgenossenschaft bei. Im 16. Jh. wurde der Ort durch das Wirken von Huldrych Zwingli (1484–1531) zum Zentrum der Reformationsbewegung in der deutschsprachigen Schweiz.

RUND UM DEN HAUPTBAHNHOF b2

Als Startpunkt für einen Stadtrundgang bietet sich der verkehrsreiche **Bahnhofplatz** Ⓐ an, auf dem das Brunnendenkmal für den Initiator der Gotthardbahn, Alfred Escher (1819–1882), steht. Fußgänger weichen hier gerne auf die unterirdische Ladenstadt **Shopville** aus, die teilweise auch sonntags geöffnet ist.

Jenseits des Hauptbahnhofs, auf der Landzunge zwischen Limmat und Sihl, beherbergt das im historisierenden Burgenstil errichtete **Schweizerische Landesmuseum** Ⓑ ★ die umfassendste Sammlung zur Kultur und Geschichte des Landes. Ausgestellt in über 100 Räumen, reichen die Bestände von der Urgeschichte bis ins ausgehende 19. Jh. Besonders hervorzuheben

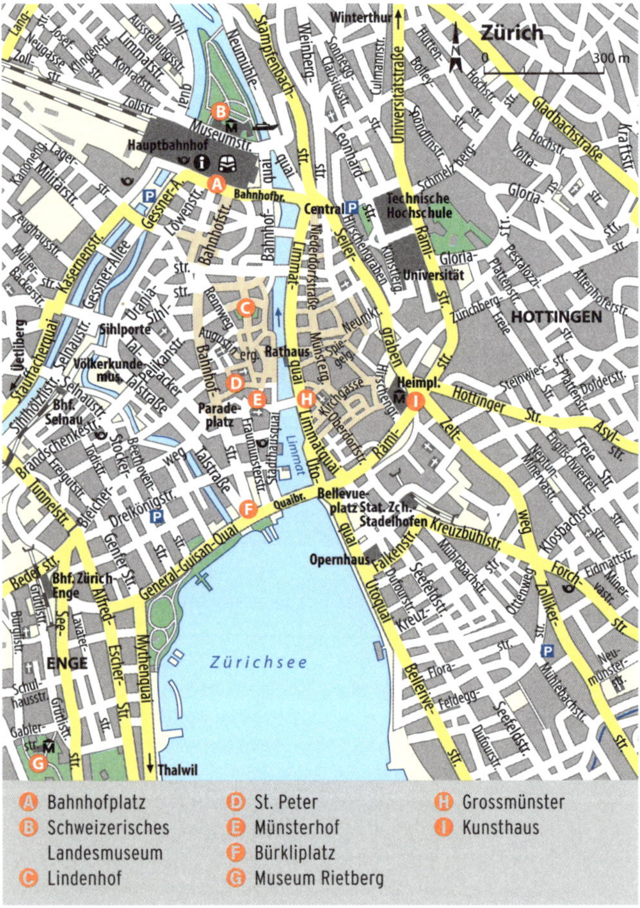

Ⓐ Bahnhofplatz
Ⓑ Schweizerisches Landesmuseum
Ⓒ Lindenhof
Ⓓ St. Peter
Ⓔ Münsterhof
Ⓕ Bürkliplatz
Ⓖ Museum Rietberg
Ⓗ Grossmünster
Ⓘ Kunsthaus

sind die prähistorischen Funde und die Dokumente zur Römerkultur in der Schweiz, aber auch die kirchliche und profane Kunst des Mittelalters. Mehrere Säle und Zimmer sind ganz im Stil des 15. bis 18. Jhs. eingerichtet. Bemerkenswert gelungen ist die Integration des modernen Erweiterungsbaus. Regelmäßig sind interessante Wechselausstellungen zu sehen. (Museumstr. 2, www.nationalmuseum.ch; tgl. außer Mo 10–17, Do bis 19 Uhr).

BAHNHOFSTRASSE b2–d2

Vom Bahnhofplatz führt die überwiegend autofreie Bahnhofstrasse zum Bürkliplatz am See. Sie entstand um 1867 durch Einebnung des Fröschengrabens und der mittelalterlichen Wehranlagen. Heute gilt die Einkaufsmeile als eine der bekanntesten Geschäftsstraßen der Welt. Auf halbem Weg zwischen Bahnhof und See liegt der Paradeplatz, wo die teuersten Mieten des Landes bezahlt werden.

DIE ALTSTADT LINKS DER LIMMAT

Weniger mondän, dafür aber auch nicht so hektisch zeigt sich die nahe Altstadt. Obwohl durch bauliche Eingriffe in ihrer Substanz stark ausgehöhlt, hat sie noch ihre reizvollen Winkel und malerischen Plätze. Ihr höchster Punkt ist der **Lindenhof** C c2. Die abgeflachte Kuppe des Moränenhügels bietet einen schönen Blick auf den östlichen Teil des alten Stadtkerns.

Einen markanten Akzent in der Dächerlandschaft setzt der spitzbehelmte Turm von **St. Peter** D c2. Die Kirche erhielt Anfang des 18. Jhs. ihre heutige Gestalt; die Zifferblätter der Turmuhr (1538) sind mit 8,70 m Durchmesser die größten Europas und übertreffen sogar jene von Big Ben in London.

Als einer der schönsten Plätze in der Zürcher Altstadt gilt der **Münsterhof** E c2. An der Nordwestecke steht das **Zunfthaus Zur Waag** (1637), die Ostseite wird vom **Zunfthaus Zur Meisen** eingenommen. Der prächtige Rokokobau, 1757 für die Zunft der Weinleute erbaut, beherbergt die Keramische Sammlung des Schweizerischen Landesmuseums (Münsterhof 20, www.zunfthaus-zur-meisen.ch; Do bis So 11–16 Uhr).

Beherrscht wird die Freifläche vom **Fraumünster** c2 und seinem hohen Spitzturm. Das stattliche Gotteshaus ist im Wesentlichen eine dreischiffige gotische Basilika mit romanischem Chor. Erst in jüngerer Zeit erfuhr die Ausstattung eine bedeutende Bereicherung: die Glasmalereien von Marc Chagall schmücken den Chor (1970) und das Querschiff (1978).

Zum **Bürkliplatz** F d2 und zur Quaibrücke locken bei gutem Wetter gleich zwei Attraktionen: der Flohmarkt (immer samstags im Sommerhalbjahr) und ein **Prachtblick** über den See bis zu den firnbedeckten Alpengipfeln.

MUSEUM RIETBERG G

Wer sich für außereuropäische Kunst interessiert, sollte einen Besuch der Villa Wesendonck (1857)

Das Grossmünster ist das Wahrzeichen Zürichs

im südlichen Stadtteil Enge nicht versäumen. Das 1952 entstandene Museum Rietberg präsentiert hier wertvolle Kunstwerke aus Asien, der Südsee und aus Afrika (Gablerstr. 15, www.rietberg.ch; tgl. außer Mo 10–17, Mi bis 20 Uhr). > mehr S. 16 Punkt 31

DIE ALTSTADT RECHTS DER LIMMAT

Schaut man von der Quaibrücke limmatabwärts, so fallen am rechten Flussufer neben dem Großmünster zwei Bauwerke besonders ins Auge: die gotische, turmlose **Wasserkirche** (1484) und daneben das **Rathaus,** ein wuchtiger Quaderbau der Spätrenaissance (1698). Dahinter breitet sich, gegen den Seilergraben ansteigend, das Niederdorf mit seinen verwinkelten Gassen und aus. Direkt am Limmatquai dokumentieren zwei historische Gebäude die einstmals große soziale Bedeutung der Zürcher Zünfte: das **Zunfthaus Zur Saffran** (1723), Versammlungsort der Krämer, und das 2010 wieder eröffnete **Zunfthaus Zur Zimmerleuten** (1708).

Wahrzeichen von Zürich ist das **Grossmünster** H ★ c2 mit seinen beiden wuchtigen Türmen. Das evangelische Gotteshaus gehörte vor der Reformation zu einem Chorherrenstift, als dessen Gründer Karl der Große gilt. Eine baldachinbekrönte Statue des Frankenkaisers ziert die Südwand des limmatseitigen Turms. Der Karlsturm, auf den man im Sommer hinaufsteigen kann, erlaubt einen schönen Blick auf das umgebende Häusermeer. Die Grundsteinlegung des bestehenden romanischen Baus dürfte um 1100 erfolgt sein; Mitte des 13. Jhs. war das Werk vollendet.

Über dem Hirschengraben, der einstigen Stadtmauer, thronen die Monumentalbauten der von Gottfried Semper errichteten **Eidgenössischen Technischen Hochschule** und der **Universität** c2.

KUNSTHAUS c3

Das Kunsthaus gehört zu den großen Gemäldegalerien der Schweiz. Neben bedeutenden Wechselausstellungen zeigt es seine reichen Sammlungen: Plastiken der Antike und des Mittelalters, mittelalterliche Malerei mit Werken von Hans Asper und dem Nelkenmeister sowie niederländische Gemälde des 17. Jhs. (Rubens, Rembrandt u. a.). Die schweizerische Malerei des 19./20. Jhs. ist u. a. vertreten durch Arnold Böcklin, Ferdinand Hodler, Cuno Amiet, Felix Vallotton und Giovanni Segantini (Winkelwiese 4, www.kunsthaus.ch; Di–So 10–18, Mi/Do bis 20 Uhr).

INFO

Zürich Tourismus

Tourist Service im Hauptbahnhof

- 8023 Zürich | Tel. 044 215 40 00
  www.zuerich.com
  Mai–Okt. Mo–Sa 8–20.30, So 8.30–18.30, Nov.–April Mo–Sa 8.30–19, So 9–18 Uhr.

FLUGHAFEN

Zürich-Kloten

Viele Fernzüge und mehrere Linien der S-Bahn verkehren zwischen Hauptbahnhof und Flughafen (11 km, ca. 11 Min.).

- www.flughafen-zuerich.ch

HOTELS

Baur au Lac €€€

Traditionshaus von 1844 unweit des Paradeplatzes mit direktem Seezugang, eigenem Park und Wellnessbereich.

- Talstr. 1 | 8001 Zürich
  Tel. 044 220 50 20 | www.bauraulac.ch

The Dolder Grand €€€

Das am Waldrand gelegene Dolder zählt seit 1899 zu den Wahrzeichen der Stadt. Inzwischen wurde es zu einem City-Resort mit großem Wellnessareal umgestaltet.

- Kurhausstr. 65 | 8032 Zürich
  Tel. 044 456 60 00
  www.thedoldergrand.com

Platzhirsch €€

Stylische Zimmer in Erdtönen mit Wohlfühlcharakter unter historischer Fassade im Niederdorf. Mit beliebter Bar.

- Spitalgasse 3 | 8001 Zürich
  Tel. 044 256 70 80
  www.hotelplatzhirsch.ch

ZÜRCHER PROMINENZ

Bei einem Bummel durch die Altstadt begegnet man immer wieder großen Namen: In der Spiegelgasse wohnten **Georg Büchner** und Wladimir Iljitsch Uljanow, besser bekannt unter dem Namen **Lenin**. Auch wurde hier 1916 im Cabaret Voltaire die künstlerische Protestbewegung des Dadaismus gegründet. Am Neumarkt 27 steht das Geburtshaus des Schriftstellers **Gottfried Keller** (1819–1890), dessen Stammlokal die Oepfelchammer am Rindermarkt war.

Karte S. 104

RESTAURANTS

LaSalle €€–€€€

In-Restaurant im Kulturzentrum »Schiffbau« mit mediterran angehauchter Küche.

- Schiffbaustr. 4 | 8005 Zürich
  Tel. 044 258 70 71
  www.lasalle-restaurant.ch

Razzia €€–€€€

Geniale Umwandlung eines alten Kinos im Quartier Seefeld zum Trendrestaurant.

- Seefeldstr. 28 | 8008 Zürich
  Tel. 044 296 70 70
  www.razzia-zuerich.ch | So geschl.

Hiltl €€

Seit 1898 **das** vegetarische Restaurant der Stadt: alles frisch und in riesiger Auswahl. Unbedingt reservieren.

- Sihlstr. 28 | 8001 Zürich
  Tel. 044 227 70 00 | www.hiltl.ch

Zum Kropf €€

Herzhafte Mahlzeiten in prächtigem Jugendstildekor. Spezialität: Kutteln nach Zürcher Art. > **mehr S. 15 Punkt 22**

- In Gassen 16 | 8001 Zürich
  Tel. 044 221 18 05 | www.zumkropf.ch
  So geschl.

SHOPPING

Das **Heimatwerk** bietet stilvolles Schweizer Kunsthandwerk.

- Uraniastr. 1 oder Bahnhofstr. 2

Bei **Schwarzenbach Kolonialwaren** im Niederdorf gibt es besten Tee und Kaffee.

- Münstergasse 19
  www.schwarzenbach.ch | So geschl.

Schleckermäuler sind bei **Sprüngli** gut aufgehoben. > **mehr S. 18 Punkt 37**

- Bahnhofstr. 21 | www.spruengli.ch

Eine Fundgrube für Ausgefallenes ist der **Kuriositätenmarkt** auf dem Rosenhof (Do 10–20, Sa 10–17 Uhr).

NIGHTLIFE

Neben dem **Opernhaus** (www.opernhaus.ch) und dem **Schauspielhaus** gibt es zahlreiche Kleintheater und Bühnen; siehe Übersicht auf www.zuerich.com.

Musik aller Stilrichtungen und Livekonzerte bietet das **Kaufleuten** mit Lounge und Restaurant.

- Pelikanstr. 18 | www.kaufleuten.ch

AUSFLÜGE AB ZÜRICH

UETLIBERG G3

Der Hausberg von Zürich (871 m; sprich: Ü-etliberg) bietet eine herrliche Aussicht auf die Stadt. Das beliebte Naherholungsgebiet erreicht man mit der S-Bahnlinie 10 ab Hauptbahnhof, übrigens die steilste normalspurige Kletterbahn Europas. Oben erwartet die Besucher die Terrasse des Ausflugshotels Uto Kulm.

ZÜRICHSEE G/H3 UND RAPPERSWIL H3

Der lang gestreckte **Zürichsee** 29 (89 km²) ist ein Überbleibsel der Eiszeit, als die Zunge des Linthgletschers bis zum heutigen Zürich reichte. In unseren Tagen lässst ein wesentlich milderes Klima am Nordufer sogar Weinbau zu. Auch sonst gilt diese Seite des Zürichsees als bevorzugte Lage – nicht zufällig wird sie als »Goldküste« bezeichnet.

Das schmucke Städtchen **Rapperswil** 30 (27 000 Einw. zusammen mit Jona) liegt hübsch auf einer kleinen Halbinsel. Die Silhouette wird beherrscht vom mächtigen Schloss aus dem 12./14. Jh. und der Pfarrkirche (13. Jh.). Nicht zu übersehen ist der 1878 erbaute Seedamm.

BADEN 31 G2

Auf römische Spuren stößt man in Baden (19 200 Einw.), dessen ergiebige heiße Schwefelquellen bereits in der Antike genutzt wurden. Ein Tipp ist die historische Bäderlandschaft im Hotel Limmathof (Limmatpromenade 28, 5400 Baden, Tel. 056 200 17 17, www.limmathof.ch).

Ein absolutes Muss für alle Kunstliebhaber sollte der Besuch des **Museums Langmatt** sein: Die Villa von Sidney und Jenny Brown bildet den stilvollen Rahmen für eine hervorragende Gemäldesammlung mit Schwerpunkt auf dem französischen Impressionismus (Römerstr. 30, 5400 Baden, www.langmatt.ch; März–Nov. Di bis Fr 14–17, Sa/So 11–17 Uhr).

WINTERTHUR 32 G/H2

Die zweite große Stadt im Kanton Zürich ist Winterthur (111 000 Einw.). Über Jahrhunderte hinweg stand es ganz im Schatten des übermächtigen Zürich, an das es 1467 gar verpfändet wurde. Mit der beginnenden Industrialisierung erlebte der Ort ab dem 19. Jh. einen stürmischen Aufschwung zum bedeutenden Wirtschaftszentrum.

Auf diese Gründerzeit geht auch eine Tradition der Kulturpflege zurück. So kann das **Kunstmuseum** eine üppige Kollektion großer Namen von van Gogh bis Picasso vorweisen (Museumstr. 52, www.kmw.ch; Di 10–20, Mi–So 10–17 Uhr).

Bemerkenswert ist die Sammlung **Oskar Reinhart »Am Römerholz«**, die über 200 Gemälde namhafter Künstler von Cézanne bis Renoir in einzigartiger Harmonie in der ehemaligen Villa des Kunstsammlers zeigt (Haldenstr. 95, www.roemerholz.ch; tgl. außer Mo 10–17 Uhr).

Der Industriestadt geradezu auf den Leib geschnitten ist das **Technorama** in Oberwinterthur. Es präsentiert auf einer Fläche von 6500 m² die größte technisch-historische Sammlung der Schweiz mit über 500 Stationen und Objekten (Technoramastr. 1, www.technorama.ch; tgl. 10–17 Uhr).

INFO

Winterthur Tourismus

- Hauptbahnhof | 8401 Winterthur
  Tel. 052 267 67 00
  www.winterthur-tourismus.ch

HOTEL

Krone €€

Modernes Boutiquehotel hinter historischen Mauern mit preisgekrönter Küche direkt in der Fußgängerzone.

- Marktgasse 49 | 8401 Winterthur
  Tel. 052 208 18 18
  www.kronewinterthur.ch

SCHAFFHAUSEN 33 G2

Wollte man den Rhein als natürliche Nordgrenze der Schweiz betrachten, so läge Schaffhausen (36 600 Einw.) ganz und gar auf der falschen Seite des Stroms. Die Topografie und geschichtliche Ereignisse richteten es aber anders ein: Der Rheinfall zwang die Flussschiffer, hier ihre Waren umzuladen, was die Entstehung einer Siedlung begünstigte. Deren Bewohner schlossen sich nach dem Schwabenkrieg der Eidgenossenschaft an (1501).

Mittelpunkt der lebendigen Stadt mit der mächtigen Festung **Munot** (16. Jh.) ist der brunnengeschmückte **Fronwagplatz**. Von hier gehen die drei schönsten Straßen ab: westlich die kurze Oberstadt zum Obertor (13. Jh.), nach Norden die Vorstadt mit vielen erkergeschmückten Bürgerhäusern und nach Osten die Vordergasse. An ihr liegen rechter Hand das **Rathaus** (15. Jh.) und das **Haus zum Ritter**, dessen Fassadenmalereien Tobias Stimmer 1570 vollendete.

Am Münsterplatz steht das romanische **Münster** (um 1100), eine flach gedeckte Säulenbasilika mit Querhaus und fünfgeschossigem Glockenturm. In den angrenzenden ehemaligen Abteigebäuden ist das **Museum zu Allerheiligen** eingerichtet (Klosterstr. 16, www.allerheiligen.ch; tgl. außer Mo 11–17 Uhr).

Schaffhausen Tourismus veranstaltet auch Stadtrundgänge mit Nachtwächter.

INFO

Schaffhausen Tourismus

- Herrenacker 15
  8201 Schaffhausen
  Tel. 052 632 40 20
  www.schaffhauserland.ch

RESTAURANT

Sommerlust €€–€€€

Beliebtes Kulturrestaurant mit saisonaler Küche inmitten eines Lustgartens – häufig mit Jazzmusik unterlegt.

- Rheinhaldenstr. 8 | 8200 Schaffhausen
  Tel. 052 533 55 33 | www.sommerlust.ch
  Mo geschl.

SHOPPING

Die kleine Altstadt lädt zum Shopping ein. Dienstags und samstags wird der **Wochenmarkt** in der Vordergasse abgehalten. **Zum scharfen Sultan** (Stadthausgasse 25; So/Mo geschl.) bietet eine große Auswahl an Gewürzen, Kräutern und Tees.

RHEINFALL 34 ★6 G2

Ein Pflichttermin ist ein Abstecher zum Rheinfall, der bei Neuhausen unweit von Schaffhausen in einer Breite von etwa 150 m über eine 20 m hohe Schwelle aus Jurakalk herabstürzt – ein grandioses Schauspiel, vor allem zur Zeit der Schneeschmelze in den Alpen. Den besten Überblick hat man vom Schlösschen **Wörth**, wogegen die Aussichtspunkte am linken Ufer näher an die Wassermassen heranführen.

STEIN AM RHEIN 35 H2

Mit seinen Wehrtürmen und den bemalten Erkerhäusern bietet Stein am Rhein (3400 Einw.) das weitgehend intakte Bild eines mittelalterlichen Marktstädtchens. > mehr S. 16 Punkt 32

Unmittelbar ans Rheinufer grenzt die 1526 aufgehobene ehemalige **Benediktinerabtei St. Georgen,**

Schäumend stürzt der Rhein bei Schaffhausen zu Tal

deren Kirche, eine flach gedeckte Säulenbasilika, aus romanischer Zeit stammt (11. Jh.). Die Räumlichkeiten im spätmittelalterlichen Stil sind heute als Museum zugänglich und vermitteln einen Eindruck vom damaligen Klosterleben (Fischmarkt, 8260 Stein am Rhein, www.klostersanktgeorgen.ch; April–Okt. tgl. außer Mo 10–17 Uhr).

ST. GALLEN 36 J3

Die Hauptstadt (75 500 Einw.) des gleichnamigen Kantons liegt an den Ausläufern der Appenzeller Berge. Ihren Namen verdankt sie dem irischen Mönch Gallus, der sich 612 hier niederließ.

Eine beliebte St. Galler Spezialität ist die Olma-Bratwurst aus Schweine- und Kalbfleisch mit Speck, deren Name auf die jährliche Ostschweizer Land- und Milchwirtschaftsausstellung zurückgeht und die grundsätzlich ohne Senf verzehrt wird.

KLOSTERABTEI 7

Aus der Mönchsklause des Gallus entwickelte sich das berühmte Kloster, das zwischen dem 9. und 11. Jh. eines der bedeutendsten Kulturzentren des Abendlandes war. Von einstiger Prachtentfaltung kündet noch heute die **Stiftskirche** (1766), neben Einsiedeln der großartigste Barockbau der Schweiz.

Die Hauptsehenswürdigkeit des Klosters ist aber zweifellos die **Stiftsbibliothek** ★. Der über zwei Stockwerke reichende Saal ist ein Juwel des Rokoko (1763); fast könnte man bei so viel Glanz die ausgestellten Kostbarkeiten, etwa den karolingischen Klosterplan von 820, übersehen. Die Handschriftensammlung der Stiftsbibliothek gehört zu den bedeutendsten der Welt. Rund 400 ihrer wertvollen Manuskripte stammen noch aus der Zeit vor dem Jahr 1000 (Klosterhof 6d, 9004 St. Gallen; www.stiftsbezirk.ch; tgl. 10–17 Uhr).

HOTEL/RESTAURANT

Boutiquehotel Jägerhof €€

Im Jägerhof weht ein neuer Wind, seit der junge Küchenchef Agron Lleshi aus dem Schatten von Vreni Giger getreten ist und bei Gault&Millau 16 Punkte erkocht hat.

- Brühlbleichestr. 11 | 9000 St. Gallen
  Tel. 071 245 50 22
  www.jaegerhof.ch | So geschl.

APPENZELL 37 J3

Vom Kanton St. Gallen umschlossen wird der Kanton Appenzell am Fuß des Säntis (2502 m), einer der kleinsten Teilstaaten der Schweiz, der seit der Reformationszeit in die Halbkantone Innerrhoden und Ausserrhoden geteilt ist.

Schmucke Dörfer setzen Akzente im Grün der Wiesen und Wälder, darüber thront der graue Fels des Alpsteinmassivs. Nicht zu vergessen der berühmte Käse, den die Appenzeller »mitsamt em Täller« – gemeint ist auf dem Brot – essen.

Wer sich für die Käseherstellung interessiert, kann diese im **Appenzeller Volkskundemuseum** in einer originalgetreu rekonstruierten Alphütte erleben (9063 Stein, www.appenzeller-museum.ch; tgl. außer Mo 10–17 Uhr, Käseherstellung So 13.30–16 Uhr).

Der Ort Appenzell (5800 Einw.) ist auch bekannt für die urschweizerische Landsgemeinde – Demokratie unter freiem Himmel › S. 37.

INFO

Appenzellerland Tourismus

- Hauptgasse 4 | 9050 Appenzell
  Tel. 071 788 96 41
  www.appenzell.info

HOTEL

Säntis €€

Romantisches Traditionshaus mit gediegener Einrichtung; im Restaurant regionale Küche.

- Landsgemeindeplatz 3
  9050 Appenzell | Tel. 071 788 11 11
  www.saentis-appenzell.ch

VADUZ 38 J4

Jenseits des Rheins am Fuß der Drei Schwestern (2052 m) liegt Vaduz (5500 Einw.), der Hauptort des Fürstentums Liechtenstein (38 000 Einw.). Überragt wird das Städtchen vom **Schloss** der fürstlichen Familie. Seit 1924 ist der Zwergstaat mit der Schweiz durch eine Wirtschaftsunion verbunden, das bedeutet Franken als Währung und keine Zollschranken.

Liechtenstein, das im Gegensatz zur Schweiz Mitglied des Europäischen Wirtschaftsraums (EWR) ist und das weltweit höchste Bruttoinlandsprodukt pro Kopf hat, bildet derzeit eine Außengrenze des Schengener Abkommens, weil es den Beitritt nicht gleichzeitig mit der Schweiz vollzogen hat.

Das Fürstentum gibt eigene Briefmarken heraus, daher ist das **Postmuseum** im Engländerbau eine beliebte Anlaufstelle für Philatelisten (Städtle 37, FL-9490 Vaduz, www.landesmuseum.li; tgl. 10 bis 17 Uhr, Eintritt frei).

Einen markanten Akzent im Ortsbild setzt der Kubus des **Kunstmuseums Liechtenstein,** das neben den fürstlichen Sammlungen auch Wechselausstellungen zeigt (Städtle 32, FL-9490 Vaduz, www.kunstmuseum.li; tgl. außer Mo 10 bis 17, Do bis 20 Uhr).

INFO

Liechtenstein Tourismus

- Städtle 37 | FL-9490 Vaduz
  Tel. 00423 239 63 00 | www.tourismus.li

BAD RAGAZ 39 J4 UND UMGEBUNG

Das schmucke **Bad Ragaz** (5900 Einw.) zählt zu den traditionsreichsten Kurorten der Schweiz. Das heilkräftige Wasser wird noch heute in Thermalbädern genutzt; angeboten werden auch traditionelle chinesische Medizin und Wellnesspakete.

Das alte Bad **Pfäfers** liegt wildromantisch 4 km taleinwärts. Hier gab es schon im 15. Jh. eine Kureinrichtung. Der Besuch der Quelle in der dramatischen **Taminaschlucht** ist ein Erlebnis: Durch das Badehaus gelangt man in die düstere Felsspalte, durch die ein gesicherter Weg zur dampfenden Schwefelquelle führt (www.altes-bad-pfaefers.ch, Juni–Sept. tgl. 10–17.15, Mai, Okt. 10–16.15 Uhr).

Im benachbarten **Sargans** (6100 Einw.) treffen die stark frequentierten Nord- und Westzufahrten ins »Land der 150 Täler« (Graubünden) zusammen. Beherrscht wird das Städtchen von einem imposanten **Schloss** (12.–17. Jh.).

DAS HEIDILAND

Die Bezeichnung Heidiland ist ein Kunstbegriff, der sich auf Johanna Spyris weltberühmten Roman über das bekannteste Mädchen der Ostschweiz bezieht. Glaubt man den schlauen Marketingstrategen, dann reicht die Region Heidiland vom tiefen **Walensee** H/J4 mit seinem charakteristischen Türkis bis nach Bad Ragaz. Genau genommen liegt die Heimat von Heidi in **Maienfeld** J4, im Ortsteil Rofels. Gäste aus aller Welt kommen hierher angereist, um das Heidihaus zu besichtigen und einen Eindruck vom Leben auf der Alm zu bekommen. 7304 Maienfeld, www.heididorf.ch.

Karte S. 74

HOTEL

Grand Resort €€€
Das Grand Resort vereint das Grandhotel Quellenhof, das Hotel Hof Ragaz und eine großzügige Thermal-Wellnessanlage.

- 7310 Bad Ragaz | Tel. 081 303 30 30
  www.resortragaz.ch

GLARNERLAND H4

Näfels (4000 Einw.) liegt am Eingang zum Glarnerland. Der kleine Bergkanton Glarus hat viel zu bieten, etwa den stimmungsvollen **Klöntalersee** am Fuß des Glärnisch (2914 m). Auch das Sernftal mit dem schmucken Dörfchen **Elm** (962 m) lohnt einen Besuch.

Kantonshauptort ist **Glarus** 40 (12 500 Einw.), die kleinste Hauptstadt der Schweiz. Bemerkenswert ist das Stadtbild mit Straßenkarrees wie in New York, das nach dem Großbrand von 1861 schachbrettartig neu aufgebaut wurde. 1506–1516 wirkte hier der spätere Reformator Huldrych Zwingli als Pfarrer.

Bemerkenswerte Ausblicke auf die vergletscherten Dreitausender-Gipfel der Glarner Alpen (Tödi, 3614 m; Clariden, 3268 m) vermittelt eine Fahrt über den **Klausenpass** G/H4 (1948 m) ins urnerische Reusstal (ab Näfels 70 km).

BRAUNWALD 41 H4

Der familienfreundliche und autofreie Ferienort liegt auf 1256 m in prächtiger Terrassenlage am Fuß der Berge Ortsstock (2716 m) und Eggstöcke (2448 m). Man erreicht ihn von Linthal aus mit der über 100 Jahre alten Braunwaldbahn.

HOTEL

Märchenhotel Bellevue €€
Im ehrwürdigen Grandhotel alter Prägung erzählt der Direktor noch heute den Kindern Märchen. Die kinderfreie Ruheoase auf dem Hoteldach bietet eine grandiose Aussicht.

- 8784 Braunwald | Tel. 055 653 71 71
  www.maerchenhotel.ch

TEKTONIKARENA SARDONA ★

Im Juli 2008 wurde das 32 850 ha große Geotop im Kerngebiet des **GeoParks Sarganserland-Walensee-Glarnerland** H4 ins UNESCO-Weltnaturerbe aufgenommen. Zentrales Element ist hier die sogenannte Glarner Hauptüberschiebung zwischen Vorderrheintal, Sernftal und Walensee. Hier haben sich 250 Mio. Jahre alte Gesteinsschichten über erheblich jüngeren (35–50 Mio. Jahre) Fels geschoben, als scharfe Kante gut erkennbar zwischen Elm im Kanton Glarus und Flims in Graubünden.

Diese weltweit einzigartige Verschiebung ist laut UNESCO von außerordentlicher forschungsgeschichtlicher Bedeutung für das Verständnis der Entstehung von Gebirgen. Ein Höhenweg führt zu den faszinierendsten Orten; wer ihn ganz durchwandern will, muss sich eine Woche Zeit nehmen (www.unesco-sardona.ch).

GRAUBÜNDEN

Der Bernina-Express überquert den Berninapass auch im tiefen Winter

Majestätische Alpengipfel und mondäne Skiorte, tiefe Schluchten im Unterengadin und hinter St. Moritz das weite Tal des Oberengadins mit seiner unvergleichlichen Seenlandschaft – das Bündnerland hat von allem etwas.

»Ferienecke der Schweiz« nennt sich der Kanton Graubünden. Geformt wie eine kleine Schweiz, bietet das Bündnerland dem Besucher eine atemberaubende Bergwelt mit traditionellen Bergdörfern neben mondänen Orten wie St. Moritz oder Davos. Eine Besonderheit Graubündens ist das Rätoromanische, die vierte offizielle Sprache der Schweiz, die noch immer von etwa 60 000 Menschen gesprochen wird.

Der berühmteste Teil Graubündens ist das **Engadin,** der lange Oberlauf des Flusses Inn. Der Name hat einen magischen Klang, man verbindet ihn mit Sonne, Fels und Firn oder mit der Prominenz in St. Moritz.

Das **Oberengadin** wurde während der Eiszeit vom Inngletscher modelliert. Dabei entstand auch der schönste Schmuck dieser unvergleichlichen Landschaft: die wie an einer Perlenkette von **St. Moritz** bis zum Malojapass aufgereihten Seen. Auch die Orte **Pontresina** und **Zuoz** gehören zum Oberengadin.

Das weniger touristisch geprägte **Unterengadin** mit dem Hauptort **Scuol** ist dagegen ein tiefer Graben zwischen Bergketten, die mit ihren schroffen Zacken fast ein wenig an die Dolomiten erinnern.

Interessant sind auch die Gebiete im Alpenrhein, allen voran die wilde **Via Mala** und die beeindruckende **Rheinschlucht**.

TOUREN IN DER REGION

TOUR 10

DURCHS ENGADIN

ROUTE: Samnaun › Scuol › Guarda › Zernez › Zuoz › Pontresina › St. Moritz › Sils › Malojapass › Soglio

KARTE: Seite 118

DAUER: 2 Tage, 150 km

PRAKTISCHER HINWEIS:

- Diese Reise hat im Sommer wie im Winter ihren Reiz. Sie kann mit dem Auto, aber auch mit Bahn und Bus durchgeführt werden.

TOUR-START:

Ausgangspunkt ist **Samnaun** 19 › S. 126 an der österreichischen Grenze. Über den Kurort **Scuol** 18

› S. 126 und das Schmuckkästchen **Guarda** 17 › S. 126 erreicht man **Zernez** › S. 125, das Tor zum Schweizerischen Nationalpark. In **Zuoz** 15 › S. 125 wandelt sich die Landschaft: Vom wilden Unterengadin gelangt man ins weitläufige Oberengadin. Für die Übernachtung bietet sich das vornehme **Pontresina** 12 › S. 124 oder das mondäne **St. Moritz** 8 › S. 121 an. Am nächsten Tag fährt man durch die herrliche Seenlandschaft über **Sils** 9 › S. 122 zum **Malojapass** J6 und weiter ins bezaubernde **Bergell** › S. 123 mit seinen verträumten Dörfern. Endpunkt der Tour ist **Soglio** 11 › S. 124.

TOUR 11

ÜBER ALBULA UND BERNINA INS PUSCHLAV

ROUTE: Chur › Lenzerheide › Bergün › Albulapass › Pontresina › Berninapass › Poschiavo

KARTE: Seite 118

DAUER: 2 Tage, 220 km

PRAKTISCHE HINWEISE:

- Im Sommer ist man mit dem Auto unabhängiger unterwegs.
- Im Winter, wenn die Passstraßen geschlossen sind, empfiehlt sich der komfortable Panoramazug Bernina Express › **rechts** oder eine der vielen normalen Zugverbindungen.

TOUR-START:

Die Tour startet in der Kantonshauptstadt **Chur** 1 › S. 118 und führt zunächst in den bekannten Skiort **Lenzerheide** 5 › S. 120. Weiter geht die Fahrt durch das immer noch recht bäuerlich geprägte **Bergün** 6 › S. 120 mit seinem prächtigen Kurhaus auf die **Albulastrecke** 7 › S. 120, die 2008 in die UNESCO-Welterbeliste aufgenommen wurde.

Einen Hauch Engadin inmitten dichter Arvenwälder genießt man in **Pontresina** 12 › S. 124, bevor man die Tour über den **Berninapass** 13 › S. 125 fortsetzt und nach einer abwechslungsreichen Talfahrt hinunter ins Puschlav das italienischsprachige **Poschiavo** 14 › S. 125 erreicht, den Endpunkt der Tour.

VERKEHRSMITTEL

- Anstelle der SBB durchqueren die roten Schmalspurzüge der **Rhätischen Bahn** das Bündnerland auf teilweise waghalsigen Strecken. Umsteigebahnhöfe von der übrigen Schweiz aus sind Chur und Landquart.
- Besonders komfortabel reist man in den beiden überwiegend mit Panoramawagen ausgestatteten Spezialzügen **Glacier Express**, dem »langsamsten Schnellzug der Welt« › **S. 122**, und **Bernina Express**, der in 3,5 Stunden von Chur über die Albulastrecke und den Berninapass ins Puschlav fährt (www.rhb.ch).

WICHTIGE ADRESSE

Graubünden Ferien

- Alexanderstr. 24 | 7001 Chur
  Tel. 081 254 24 24
  www.graubuenden.ch

UNTERWEGS IN GRAUBÜNDEN

CHUR 1 J5

Ein Blick auf die Landkarte verdeutlicht die Schlüsselstellung der Kantonshauptstadt Chur (585 m; 35 000 Einw.) als Tor zur Bündner Bergwelt.

Sind es heute vor allem die Touristenscharen auf dem Weg ins »Land der 150 Täler«, die in Chur Station machen, so hatten frühere Besucher nicht immer harmlose Absichten: Feldherren des Römischen Reichs, deutsche Kaiser, Fürstbischöfe, Habsburger und Franzosen versuchten, die wichtigen Passwege nach Italien in ihren Besitz zu bringen.

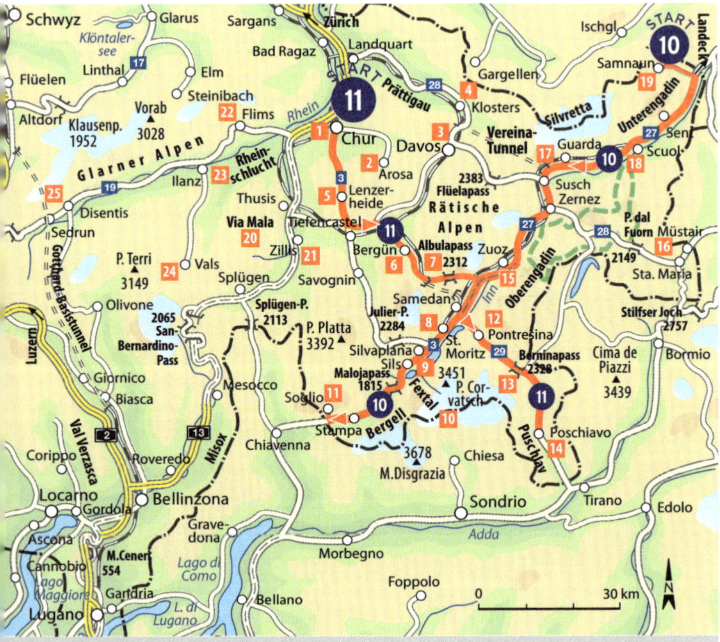

TOUREN IN GRAUBÜNDEN

TOUR 10

DURCHS ENGADIN

Samnaun > Scuol > Guarda > Zernez > Zuoz > Pontresina > St. Moritz > Sils > Malojapass > Soglio

TOUR 11

ÜBER ALBULA UND BERNINA INS PUSCHLAV

Chur > Lenzerheide > Bergün > Albulapass > Pontresina > Berninapass > Poschiavo

Über der kleinen, verwinkelten Altstadt thront der mächtige Komplex des **Bischöflichen Hofs** und der **Kathedrale,** ein spätromanisches Bauwerk aus dem 13. Jh. mit hervorragender Plastik. 2007 wurde die Kathedrale aufwendig restauriert.

Das **Kunstmuseum** zeigt in erster Linie Werke von Bündner Künstlern, darunter Augusto und Alberto Giacometti (Postplatz, www.buendner-kunstmuseum.ch; tgl. außer Mo 10–17, Do bis 20 Uhr), während das **Bündner Naturmuseum** Flora, Fauna, Geologie und Mineralien der Bergwelt dokumentiert (Masanserstr. 31, www.naturmuseum.gr.ch; tgl. außer Mo 10–17 Uhr).

INFO

Chur Tourismus

- Bahnhofplatz 3 | 7000 Chur
  Tel. 081 252 18 18
  www.churtourismus.ch

HOTEL

Romantik Hotel Stern €€

Liebevoll geführtes Hotel in der Altstadt mit ausgezeichneter Weinstube.

› mehr S. 13 Punkt 13

- Reichsgasse 11 | 7000 Chur
  Tel. 081 258 57 57 | www.stern-chur.ch

RESTAURANT

Wirtschaft zum Kornplatz €€

Das »Körnplätzli« serviert raffinierte Gerichte mit bündnerischem Einschlag.

- Kornplatz 1 | 7000 Chur
  Tel. 081 252 27 59
  www.kornplatz-chur.ch
  So/Mo geschl.

AROSA 2 J5

Zur Kantonshauptstadt Chur hin öffnet sich von Osten das Schanfigg genannte tief eingeschnittene Tal der Plessur, durch das Bahn und Straße in zahllosen Kurven nach Arosa (1750 m; 3200 Einw.) ansteigen. Das Hoteldorf im innersten Schanfigg zählt zu den traditionsreichsten Touristenorten Graubündens und ist im Winter eine schneesichere Destination.

INFO

Arosa Tourismus

- Poststr. | 7050 Arosa
  Tel. 081 378 70 20 | www.arosa.swiss

DAVOS 3 K5

Davos (1560 m; 10 900 Einw.), ist Europas höchstgelegene Stadt mit entsprechend städtischem Siedlungsbild. Den vielfältigen Wander- und Bikemöglichkeiten in der warmen Jahreszeit steht im Winter ein noch breiter gefächertes Angebot gegenüber. Als schönster Aussichtspunkt gilt die **Weißfluh** (2844 m); beliebte Ausflugsziele sind das **Sertig-** und das **Dischmatal.**

Das **Kirchner-Museum** zeigt die weltweit größte Sammlung von Werken des Expressionisten, der ab 1923 hier lebte (Promenade 82, 7270 Davos Platz, Tel. 081 410 63 00 www.kirchnermuseum.ch; tgl. außer Mo 11–18 Uhr).

In Davos tagt alljährlich im Januar das Weltwirtschaftsforum, häufig begleitet von Demonstrationen der Globalisierungsgegner.

INFO

Information & Gästeberatung

- Talstr. 41 | Davos Platz
  Tel. 081 415 21 21 | www.davos.ch

KLOSTERS 4 K5

Der beliebte, familienfreundliche Ferienort (1179 m; 4500 Einw.) im Tal der Landquart nahe Davos mit dem Hausberg Gotschna (2281 m) eignet sich sowohl für alpinen Skisport als auch für Langlauf.

Und auch Mitglieder von Königshäusern fühlen sich hier wohl: Seit Jahrzehnten kommt Prince Charles von England regelmäßig nach Klosters.

GRANDIOSE BAHNSTRECKEN

- Unter Dampf fährt die **Brienz-Rothorn-Bahn** seit über 120 Jahren auf das Rothorn oberhalb des Brienzersees. > S. 86
- Von der Kleinen Scheidegg nahe Grindelwald zum höchstgelegenen Bahnhof Europas auf dem Jungfraujoch (3454 m) fährt die meist im Fels verlaufende **Jungfraubahn** aus dem Jahr 1912. > S. 88
- Europas steilste **Zahnradbahn** mit 48 % Steigung führt von Alpnachstad bei Luzern auf den sagenumwobenen **Pilatus**. > S. 97
- Über den Furkapass verkehrt die historische **Dampfbahn Furka-Bergstrecke**, betrieben von einem gemeinnützigen Verein. > S. 147

INFO

Information & Gästeberatung

- Alte Bahnhofstr. 6 | 7250 Klosters
  Tel. 081 410 20 20 | www.klosters.ch

LENZERHEIDE 5 J5

Der viel besuchte Ferien- und Kurort (1473 m) liegt trotz deutschen Namens im rätoromanischen Sprachgebiet Graubündens.

Erst im ausgehenden 19. Jh. durch den Bau von Kurhotels entstanden, hat sich Lenzerheide (www.lenzerheide.com) zum Insidertipp für Snowboarder und Skifahrer entwickelt.

BERGÜN UND DIE ALBULASTRECKE ★

Auf der landschaftlich reizvollen Albularoute zwischen Chur und dem Engadin liegt der gemütliche Ferienort **Bergün/Bravuogn** 6 J5 (1389 m; 500 Einw.) mit seinem stilvollen Ortsbild und dem neuen Bahnmuseum im Bahnhof (www.bahnmuseum-albula.ch; tgl. außer Mo 10–17, Sa bis 18 Uhr, Mitte Nov.–Mitte Dez. geschl.).

Bemerkenswert sind die frische, sauerstoffreiche Luft und das Netz von Wanderwegen. Die breite Straße von Preda nach Bergün wird im Winter zu einer 10 km langen Schlittelbahn umfunktioniert; nach der Abfahrt geht es mit dem Zug wieder nach oben.

Die **Albulastrecke** 7 J/K6 der Rhätischen Bahn über den markanten Landwasserviadukt bei Filisur

St. Moritz am gleichnamigen See wird vom Hausberg Piz Nair überragt

und den **Albulapass** gilt als eine de spektakulärsten Schmalspurstrecken der Welt und wurde 2008 in die UNESCO-Weltkulturerbeliste aufgenommen. › mehr S. 12 Punkt 5

HOTEL

Kurhaus Bergün €

Einst logierten reiche Gäste im luxuriösen Jugendstil-Kurhaus, heute können hier nicht nur Familien günstig übernachten

› mehr S. 13 Punkt 12

- Puez 112 | 7482 Bergün
  Tel. 081 407 22 22
  www.kurhausberguen.ch

ST. MORITZ 8 ★8 J6

Der weltbekannte Nobeltreff (1810 m; 5000 Einw.) im Oberengadin ist ein beliebtes Ferienparadies des Jetset, aber auch ein Heilbad mit Kurzentrum im Ortsteil Bad. Zweimal war St. Moritz, das sogar seinen Namen urheberrechtlich schützen ließ, Austragungsort der Olympischen Winterspiele. Alljährlich finden im Februar auf dem zugefrorenen St. Moritzersee Pferde- und Hunderennen statt.

St. Moritz bietet die vielfältigsten Sportmöglichkeiten. Berühmt ist der »Engadin Skimarathon«, ein Massenspektakel mit jeweils über 10 000 Teilnehmern (März). Bekanntester Skigipfel ist der **Piz Nair** (3057 m). Wer ganz hoch hinaus will, nimmt in **Silvaplana** (1816 m; 1100 Einw.) die Seilbahn auf den **Piz Corvatsch** (3303 m). Das grandiose Panorama reicht von den Berner bis zu den Ötztaler Alpen.

ST. MORITZ-DORF

Das »Dorf« – der alte Siedlungskern über dem See – hat längst städtischen Charakter. Etwas verloren steht der **Schiefe Turm**, Überrest der im 19. Jh. abgebrochenen Mauritiuskirche, zwischen Betonburgen und Hotels. Im **Museum Engiadinais** mit Interieurs aus dem 16. bis 19. Jh. werden vergangene Zeiten lebendig (Via dal Bagn 39, www.museum-engiadinais.ch, Juni–Okt. tgl. außer Di 10–18, Dez.–April tgl. außer Di 14–18, Do bis 20 Uhr).

Dem Maler Giovanni Segantini (1859–1899), der seine letzten Lebensjahre in St. Moritz verbrachte, ist das **Segantini-Museum** gewidmet (Via Somplaz 30, zzt. im Umbau bis voraussichtlich Ende 2019, www.segantini-museum.ch).

INFO

Tourist Information

- Via Maistra 12 | 7500 St. Moritz
  Tel. 081 837 33 33 | www.stmoritz.ch

HOTELS

Kulm €€€

Das Gault&Millau-Hotel des Jahres 2018 hat trotz Luxus eine persönliche Note bewahrt und gibt sich nicht so snobistisch wie manch anderes Haus.

- Via Veglia 18 | 7500 St. Moritz
  Tel. 081 836 80 00 | www.kulm.com

Soldanella €€

Charmantes Hotel an einem Hang außerhalb des Ortskerns mit Blick auf See und Bergwelt.

- Via Somplaz 17 | 7500 St. Moritz
  Tel. 081 830 85 00
  www.hotel-soldanella.ch

RESTAURANTS

Talvo by Dalsass €€€

Das Gourmetrestaurant 3 km außerhalb von St. Moritz setzt kulinarische Trends und wurde dafür mit 18 Punkten im Gault&Millau gewürdigt.

- Via Gunels 15 | 7512 Champfér
  Tel. 081 833 44 55 | www.talvo.ch
  Mo/Di geschl.

Hanselmann €

Seit 1894 genießt man in der Konditorei süße Leckereien und schmackhafte Speisen im hauseigenen Café-Restaurant mit Seeblick. > **mehr S. 14 Punkt 15**

- Via Maistra 8 | 7500 St. Moritz
  Tel. 081 833 38 64 | www.hanselmann.ch

SILS IM ENGADIN 9 J6

Nur 10 km südwestlich von St. Moritz entfernt, zwischen dem Silvaplaner- und dem Silsersee, liegt der hübsche Wintersportort Sils (1802 m), in dem sich einst auch Friedrich Nietzsche und Hermann Hesse aufhielten und Bedeutendes zu Papier brachten.

GLACIER EXPRESS 9

Der »langsamste Schnellzug der Welt« benötigt für 250 km wahrhaftig 7,5 Stunden! Seit 1930 verbindet er St. Moritz mit Zermatt auf einer atemberaubenden Panoramafahrt, die über 291 Brücken und durch 91 Tunnels führt. Diesen schönsten Weg von Graubünden ins Wallis sollte man im Panoramawagen erleben (www.glacierexpress.ch).

Palazzo Castelmur nahe dem Dorf Stampa im Bergell

HOTEL

Waldhaus €€€

Seit 100 Jahren verwöhnt das hoch über Sils gelegene Waldhaus seine Gäste. Wer nicht hier übernachtet, sollte sich zumindest einen Nachmittagstee im Wintergarten gönnen.

- 7514 Sils im Engadin | Tel. 081 838 51 00 www.waldhaus-sils.ch

AUSFLUG INS FEXTAL 10 6

Ein lohnendes Ausflugsziel von St. Moritz oder Sils ist das malerische Fextal, ein verschlafenes und im Winter tief verschneites Seitental im Oberengadin. In dem Berggebiet, wo einst Schmuggler über die Grenze nach Italien unterwegs waren, erkunden heute Wanderer die weitgehend unberührte Landschaft. Ein Erlebnis keineswegs nur für Romantiker ist der etwa dreistündige Ausflug mit der Pferdekutsche ab Sils mit Mittagspause im Hotel Fex. › mehr S. 12 Punkt 8

DAS BERGELL ★ J6

An der Schwelle des **Malojapasses** (1815 m) bricht die Oberengadiner Seenplatte steil ab ins Bergell (Val Bregaglia). Der Szenenwechsel ist ebenso unvermittelt wie total: hier das weite Becken, dort ein tief eingerissenes, in mehreren Stufen abfallendes Engtal. War das Engadin durch zahllose Hotels und Chalets und auch viel gesichtslos moderne Architektur geprägt, so bestimmen im italienischsprachigen Bergell eng zusammengebaute Dörfer wie Vicosoprano, Stampa und Bondo das Bild. Charakteristisch sind die gemauerten Häuser, teilweise mit Sgraffito-Schmuck.

Ein wirkliches Muss für jeden Bergell-Besucher ist der kurze Abstecher von Spino durch einen herrlichen Kastanienhain hinauf nach **Soglio** 11 J6 (1095 m). Das Dorf bezaubert nicht nur durch sein intaktes Ortsbild mit einigen stattlichen Palazzi; überaus faszinierend ist auch der Blick über das Tal hinweg auf die Granitzacken der Bergeller Berge.

HOTELS

Schweizerhaus €€–€€€

Ehemals Passhospiz mit 600-jähriger Geschichte, heute ein 4-Sterne-Hotel mit großartiger Aussicht. Moderne wie auch rustikal eingerichtete Zimmer; in der Dependance »Pöstli« auch Ferienwohnungen.

- Hauptstr. 25 | 7516 Maloja
  Tel. 081 838 28 28
  www.schweizerhaus.swiss

Palazzo Salis €€

Ehemaliges Herrschaftshaus mit verwunschenem Garten.

- 7606 Soglio | Tel. 081 822 12 08
  www.palazzo-salis.ch

PONTRESINA 12 K6

Der traditionsreiche Ferienort (2200 Einw.) liegt auf 1805 m Höhe inmitten von Arven- und Lärchenwäldern am Beginn des Berninatals.

Neben Engadiner Häusern setzen ein paar Hotelbauten aus der Frühzeit des Schweizer Fremdenverkehrs markante Akzente; für den alpinen Rahmen sorgen die Dreitausender des Val Roseg.

Um den schönsten Blick auf die Engadiner Berge wetteifern die

BÜNDNER PASSSTRASSEN

Die Fahrt von Chur über den **Julierpass** J6 (2284 m) bietet eine prächtige Sicht auf die hochalpine Kulisse. Auf der Passhöhe erinnern zwei Säulenfragmente daran, dass der Übergang bereits von den Römern benutzt wurde. Bei der anschließenden Talfahrt öffnet sich oberhalb von Silvaplana (1816 m) unvermittelt der Blick auf die Traumlandschaft des Oberengadins.

Ein anderer Weg von Chur ins Oberengadin führt über Bergün zum **Albulapass** K6 (2312 m) und weiter nach La Punt; die Straße ist allerdings nur Mai–Okt. für den Verkehr geöffnet. Im Winter wird die Teilstrecke von Preda nach Bergün zur Schlittelbahn umfunktioniert. Besonders sehenswert ist der Landwasserviadukt bei Filisur, ein spektakulärer Teil der 63 km langen Schmalspurstrecke der Rhätischen Bahn, die über den Albulapass ins Oberengadin und weiter über den **Berninapass** (2328 m) hinunter ins Puschlav führt.

Neben der Gotthardstrecke ist die **San-Bernardino-Route** die wichtigste wintersichere Alpentransversale. Sie verbindet den Bodenseeraum mit Graubünden und dem Tessin. Entsprechend vielfältig sind die Eindrücke: Obstbäume und Reben im Rheintal, Schluchten am Hinterrhein, Eis und Firn über dem Pass. Ab Splügen schraubt sich die alte Kantonsstraße hinauf zum **Passo del San Bernardino** H6 (2065 m), der Wasserscheide zwischen Rhein und Po. In Mesocco (769 m) künden die ersten Edelkastanienbäume vom nahen Süden.

Gipfel **Muottas Muragl** (2453 m) und **Diavolezza** (2973 m), die beide per Bahn erreichbar sind.

HOTEL

Grand Hotel Kronenhof €€€

Das hufeisenförmig angelegte älteste 5-Sterne-Hotel des Engadins mit neoklassizistischer Fassade und charakteristischer Kuppel gehört zu den wichtigsten Grandhotels im Bündnerland.

- Via Maistra 1 | 7504 Pontresina
  Tel. 081 830 30 30
  www.kronenhof.com

DER BERNINA-PASS 13 ★ K6

Überwältigende Ausblicke auf Täler und Höhen genießt man vom Berninapass (2328 m) etwa 24 km hinter Samedan, der das Engadin mit dem **Puschlav** (Valposchiavo) verbindet, einem der drei italienischsprachigen Täler Graubündens.

Die vielfältigen Eindrücke lässt man am besten während einer gemütlichen Fahrt mit der Rhätischen Bahn auf sich wirken. Ist bereits die Passfahrt ein Erlebnis, so bietet der Abstieg hinunter ins italienische Veltlin noch eine Steigerung: Vom ewigen Eis geht es hinab zu Weinbergen und Kastanienhainen – über einen Höhenunterschied von beinahe 2000 m!

Neben der Scheitelstrecke bezaubert v. a. der Abschnitt von der Alp Grüm (2091 m) hinab nach **Poschiavo** 14 K6/7 (1014 m; 3500 Einw.). Noch heute hat hier das Weben von Hand Tradition.

HOTEL

Albrici €€

Stattliches Patrizierhaus (1682) gegenüber der Kirche San Vittorio mit dem sehenswerten Sibyllensaal. In den 10 heimeligen Zimmern weht noch ein historischer Geist.

> mehr S. 15 Punkt 20

- Via da Mez 18 | 7742 Poschiavo
  Tel. 081 844 01 73 | www.hotelalbrici.ch

ZUOZ 15 K5/6

Die Grenze zwischen Ober- und Unterengadin verläuft etwa bei Schanf (1662 m). Kurz davor liegt Zuoz (1716 m; 1200 Einw.), der besterhaltene Ort am Oberlauf des Inn. Stimmungsvoll wirkt v. a. der brunnengeschmückte Dorfplatz. Die spätgotische Kirche bewahrt moderne Glasgemälde des Bergeller Malers Augusto Giacometti.

HOTELS

Crusch Alva €€

Kleines, 500 Jahre altes Hotel im Engadiner Stil; köstliche Bündner Spezialitäten.

- Via Maistra 26 | 7524 Zuoz
  Tel. 081 851 23 40 | www.cruschalva.ch

VAL MÜSTAIR 16 L5/6

Zernez K5 (1474 m; 1500 Einw.) entstand am Fuß eines alten Passweges, der über den »Fuorn« ins Val Müstair führt. Seit 1909 durchquert er den 170 km² großen **Schweizerischen Nationalpark** (www.nationalpark.ch; Mai–Okt. 8.30–18, Nov. bis März Mo–Sa 9–17 Uhr), der sich südöstlich des Inn zwischen dem Val Trupchun und dem Val S-charl ausbreitet. Hier bleibt die Natur völlig sich selbst überlassen. Besuche sind nur auf den markierten Wegen gestattet. Auf dem Areal finden sich über 650 verschiedene Pflanzenarten; nachgewiesen sind auch 30 Säugetierarten, darunter Steinwild, sowie der 1991 wieder angesiedelte Bartgeier.

Am **Pass dal Fuorn** K/L5 (Ofenpass; 2149 m) überquert man die Wasserscheide zum Val Müstair, das als gutes Wander- und Tourengebiet gilt. Grenzort zu Italien ist das 39 km von Zernez entfernte **Müstair** L6 (1230 m), dessen **Benediktinerinnenkloster St. Johannes Baptist** größte kulturhistorische Bedeutung zukommt. An den Wänden der im 15. Jh. gotisch umgebauten Kirche sind gut erhaltene karolingische Fresken (um 800) freigelegt worden, die zum UNESCO-Weltkulturerbe gehören.

GUARDA 17 ★ K5

Als Schmuckkästchen des Engadins wird Guarda (1653 m) gepriesen, das auf einer sonnigen Terrasse oberhalb der Talstraße liegt. Die behäbigen Häuser bilden mit den gepflasterten Gassen und schönen Brunnen ein stilvolles Ensemble vor der Kulisse der Unterengadiner Dolomiten.

HOTEL

Meisser €€

Familiengeführtes historisches Hotel mit Panoramablick im Jugendstilspeisesaal.

- Dorfstr. 42 | 7545 Guarda
  Tel. 081 862 21 32
  www.hotel-meisser.ch

RESTAURANT

Ustaria Crusch Alba €€

Gemütliches Kellerlokal mit offenem Kamin. Spezialitäten sind Bündner Fleischgerichte und goldene Polenta.

- Dorfstr. 45 | 7545 Guarda
  Tel. 081 860 36 36
  www.cruschalbaguarda.ch
  Mo geschl.

SCUOL 18 L5

Einer der wichtigsten Orte im Unterengadin ist Scuol (1244 m; 4600 Einw.), das zusammen mit den Nachbarorten Tarasp und Vulpera eine viel besuchte Erholungs- und Sportregion bildet. Das Kurwesen gründet sich u. a. auf alkalische Glaubersalzquellen. Ein Erlebnis ist das **Römisch-Irische Bad.**

Fast ein Jahrtausend alt ist im Kernbestand **Schloss Tarasp,** das einen Felsen hoch über dem Inn krönt. Wen es in die Berge zieht, der findet hier ein weitläufiges Revier. Bequemere lassen sich mit der Gondel zum Motta Naluns (2146 m) hinauftragen.

HOTEL

Schlosshotel Chastè €€–€€€

Geräumiges, stilvolles Hotel mit Engadiner Fassadenmalerei und kunstvoll holzgeschnitztem Interieur.

- 7553 Tarasp | Tel. 081 861 30 60
  www.schlosshoteltarasp.ch

SAMNAUN 19 L4

Kurz vor der Grenze zu Österreich zweigt in Vinady die mit aufwendigen Galerien wintersicher gemachte

Straße nach Samnaun (1835 m) ab. Der aus mehreren Weilern bestehende Wintersportort übt auch zur warmen Jahreszeit eine große Anziehungskraft aus, nicht zuletzt deshalb, weil man hier Spirituosen, Tabak, Parfüm, Benzin u. v. m. zollfrei einkaufen kann.

VIA MALA 20 ★ J5

Auf der San-Bernardino-Route verengt sich das Tal des Hinterrheins unvermittelt zu einer wilden Schlucht, die einst Wegebauer vor schier unlösbare Probleme stellte. Nicht ohne Grund heißt die Klamm übersetzt »schlechter Weg«.

Wer heute auf der Nationalstraße unterwegs ist, bekommt wegen der vielen Tunnel von der beklemmenden Enge kaum etwas mit. Von der alten Kantonsstraße dagegen führt ein steiler Treppenweg in den düsteren, von gischtenden Wassern durchströmten Schlund, der sich von Stegen aus gefahrlos beobachten lässt (am Parkplatz mit Kiosk hinter der ersten Brücke).

Den schönsten Zugang zur Via Mala vermittelt der abwechslungsreiche Kulturweg ab Thusis zur inneren Via Mala (2,5 Std.).

BUCH-TIPP:

John Knittel, **Via Mala** (Fischer-TB, 2001). Dieser Roman über die Aufklärung eines Familiendramas machte die Via Mala weltberühmt; ein Erfolg war auch die Verfilmung mit Mario Adorf in der Hauptrolle.

Brücke auf dem Wanderweg durch die Via Mala

INFO

Gästeinformation Viamala

- Bahnhof | 7430 Thusis
  Tel. 081 650 90 30
  www.viamala.ch

ZILLIS 21 J5

In Dorf Zillis (945 m) am Hinterrhein lohnt sich ein Besuch der Martinskirche (12. Jh., Chor aus dem Jahr 1509). Sie bewahrt eine aus 153 hölzernen Bildtafeln bestehende **Decke mit farbigen Darstellungen aus dem Leben Christi** ★. Über ihre Geschichte informiert eine Ausstellung am Postplatz (www.zillis-st-martin.ch, April bis Mitte Okt. tgl. 10–17).

FLIMS, LAAX UND FALERA H5

Etwa 20 km westlich von Chur markiert **Flims** 22 (1103 m; 2800 Einw.) den Eingang ins Bündner Oberland. Zusammen mit den kleineren Orten Laax und Falera umfasst das »Alpenarena« genannte gemeinsame Wintersportgebiet zwischen Vorab (3028 m) und Flimserstein mehr als 200 km schneesichere Skipisten.

Während **Laax** dank der »Snowboard Freestyle Academy« hauptsächlich als Mekka der Snowboarder gilt (www.laax.com) › mehr S. 12 Punkt 7, eignet sich **Flims** auch wunderbar für den Sommerurlaub: Eine Vielzahl schöner Wanderwege durchzieht eines der größten Waldgebiete Graubündens.

RHEINSCHLUCHT 23 H5

Durch einen nacheiszeitlichen Bergsturz bei Flims vor etwa 10 000 Jahren entstand zwischen Ilanz und Reichenau eine wilde Schlucht, rätoromanisch »Ruinaulta« genannt. Sie ist mit ca. 14 km Länge und 350 m Höhenunterschied die größte Klamm und eine der überraschendsten und überwältigendsten Landschaften der Schweiz. In den Auenwäldern brüten seltene Vögel, sogar Orchideen findet man hier. Zur Durchquerung der Rheinschlucht bieten sich mehrere Möglichkeiten an: bequem mit dem Zug, auf einem dichten Wanderwegenetz, per Mountainbike oder gar direkt auf dem wilden Vorderrhein per Kanu oder Rafting. › mehr S. 13 Punkt 10

VALS 24 H5s

Vor 700 Jahren wanderte eine Gruppe von Oberwallisern aus ihrer deutschsprachigen Heimat aus und siedelte sich in einer hoch gelegenen Talgruppe im rätoromanischen Sprachgebiet Graubündens an. Vals (1252 m; 1100 Einw.) wurde vor allem durch seine Quellen bekannt, die heute das gleichnamige Mineralwasser liefern. Die Anreise erfolgt bis Ilanz mit der Bahn und von dort mit dem Postauto.

Bekannteste Sehenswürdigkeit im Ort ist die moderne **Therme Vals** mit angeschlossenem Hotel und Restaurant. Architekt Peter Zumthor schuf mit 60 000 Quarzit-Steinplatten ein sakral anmutendes Wohlfühlareal, das inzwischen unter Denkmalschutz steht (www.7132therme.com). Für Abwechslung sorgen die vielen thematischen Bäder mit unterschiedlichen Wassertemperaturen und die herrliche Aussicht auf die Bergwelt.

HOTEL

Hotel 7132 €€–€€€

Der Therme angeschlossen ist das aus vier einzelnen Häusern bestehende Nichtraucherhotel mit dem ungewöhnlichem neuen Namen, der sich von der Postleitzahl ableitet. Das Haus Selva mit direktem Durchgang zur Therme bietet neben modernem Design auch behutsam konservierten 1960er-Jahre-Stil.

- 7132 Vals | Tel. 058 713 20 00 www.7132.com

DISENTIS/ MUSTÉR 25 G/H5

Am Zusammenfluss von Medelser und Vorderrhein liegt der Wintersportort Disentis/Mustér (1150 m; 2100 Einw.), das Zentrum der rätoromanischen Sprache, mit sichtbarem Benediktinerkloster. Vom Ort mit dem Doppelnamen gehen zwei Passstraßen ab: westlich über Sedrun zum Oberalppass (2044 m), südlich durch das unwirtliche Val Medel zum Lukmanier (1916 m) und hinab ins **Val Blenio** – eine Alternative zur stark frequentierten San-Bernardino-Route.

Weiter westlich wurde 17 Jahre lang am **Gotthard-Basistunnel** gebaut, der seit seiner Inbetriebnahme Ende 2016 mit 57 km der längste Eisenbahntunnel der Welt ist.

GRATIS ENTDECKEN

- Einige **Strandbäder** am Vierwaldstättersee können kostenlos besucht werden, etwa in Luzern hinter dem Bahnhof an der »Ufschötti« oder in Beckenried. In Zürich ist das historische Flussbad »Unterer Letten« ebenfalls gratis.
- Festivals verlangen meist eine Eintrittsgebühr, doch die **Street Parade,** die im August in Zürich stattfindet, ist kostenlos (www.streetparade.com).
- Gratis besichtigt werden können die **Museen der Universität Zürich** (www.uzh.ch) und das historische Museum im **Schloss Blumenstein** in Solothurn mit der Wohnkultur des 18. Jh. > S. 79, außerdem der **Botanische Garten** in Genf > S. 56, das **Zollmuseum** in Lugano und das **Postmuseum** des Fürstentums Liechtenstein in Vaduz > S. 113.
- Die Herstellung von Schoki und Käse kann man ebenfalls kostenlos besichtigen, das gilt vor allem für die Erlebniswelt von **Callier** in Broc > S. 67 sowie die **Schaukäsereien** im Emmental > S. 80 und in Appenzell (www.schaukaeserei.ch).
- Nach dem Motto »Schweiz rollt« bieten sieben Städte von Bern bis Zürich einen kostenlosen Fahrradverleih an, lediglich ein Pfand ist zu entrichten (www.schweizrollt.ch).

DAS TESSIN

In Corippo im Val Verzasca leben nur noch zwölf Personen – nun soll das ganze Dorf zum Hotel werden, um es vor dem Verfall zu bewahren

Die mediterrane Atmosphäre des Tessins lockt unzählige Besucher an, die sich in der »Sonnenstube der Schweiz« an Lago Maggiore und Lago di Lugano Ferien machen. Noch weitgehend unberührt sind die Gebirgstäler des Sopraceneri.

In den italienischsprachigen Kanton Tessin (Ticino) mit seinen Bergen und Seen, dem milden Klima und der subtropischen Vegetation zieht es Jahr für Jahr unzählige Urlauber. Wichtigste Ziele sind der (im Süden sich weit nach Italien hinein erstreckende) **Lago Maggiore** mit dem Touristenzentrum **Locarno** und dem mondänen **Ascona** sowie **Lugano** am gleichnamigen See.

Doch gibt es auch noch ein anderes Tessin: jene vom Wohlstand vergessenen Hochtäler des Sopraceneri, hinter deren pittoresken Fassaden sich die von drohendem Verfall und Abwanderung geprägte Realität verbirgt. Diese Kontraste sind am eindrücklichsten zu erleben auf einer Fahrt vom Ufer des Lago Maggiore hinauf ins **Maggia-** oder **Verzascatal**.

TOUREN IN DER REGION

TOUR 12

DAS MILDE TESSIN

ROUTE: St. Gotthard › Bellinzona › Locarno › Lugano › Gandria › Melide › Lugano

KARTE: Seite 134
DAUER: 2 Tage, 140 km
PRAKTISCHE HINWEISE:

- Die Route eignet sich auch für die Durchreise von Deutschland nach Italien, um etwas mehr über den mediterranen Kanton zu erfahren.
- Diese Tour ist ganzjährig mit dem Auto möglich. Unter der Woche sind die Städte weniger überlaufen. Richtig voll ist es nur beim Filmfestival von Locarno im August.

TOUR-START:

Auf einer Nord-Süd-Achse vom **St. Gotthard** 1 › S. 132 aus verbindet diese Tour die wichtigsten Orte des Tessins. Erste Stadt auf dem Weg Richtung Süden ist **Bellinzona** 2 › S. 133 mit den unter UNESCO-Schutz stehenden Wehranlagen, die zur Bewachung des Wegs nach Italien errichtet wurden. Weiter geht es nach **Locarno** 3 › S. 134 am Lago Maggiore, das für sein alljährliches Filmfestival mit Vorführungen auf der Piazza Grande berühmt ist. Hier oder in **Lugano** 6 › S. 136 bietet sich eine Übernachtung an. Am nächsten Tag erkundet man Lugano am bezaubernden **Lago di Lugano** 7 › S. 138. Eine Schifffahrt ins malerische Fischerdorf **Gandria** › S. 138 sollte man auf keinen Fall auslassen. Der **Monte San Giorgio** › S. 138 wurde als eine der bedeutendsten Fossilienfundstätten ins UNESCO-Welterbe aufgenommen. In **Melide** 8 › S. 138 zeigt das Museum Swissminiatur die Schweiz in klein. Am Ende geht es zurück nach Lugano.

TOUR 13

DAS WILDE TESSIN

ROUTE: Bellinzona › Val Verzasca › Locarno › Ascona

Die drei Burgen von Bellinzona

KARTE: Seite 134

DAUER: 1 Tag, 46 km

PRAKTISCHE HINWEISE:

- Die Tour kann nicht nur mit dem Auto durchgeführt werden, sondern auch mit dem Zug bis Locarno und mit dem Postauto nach Lavertezzo (Val Verzasca) bzw. Ascona.
- Donnerstags findet in Locarno ein Wochenmarkt statt.

TOUR-START:

Diese Tour voller Kontraste beginnt in **Bellinzona** 2 › S. 133 mit seinen sehenswerten **Wehranlagen.**

Von **Gordola** G7 geht es dann nach Norden entlang einfacher grauer Steinhäuser ins **Val Verzasca** 4 › S. 136, das ein weit weniger glamouröses Tessin zeigt. Die malerische Brücke »Ponte dei Salti« im Hauptort **Lavertezzo** › S. 136 ist ein beliebtes Fotomotiv.

Zurück in Gordola, fährt man in westlicher Richtung auf einen Bummel zunächst nach **Locarno** 3 › S. 134 am Lago Maggiore und anschließend ins nur 3 km entfernte schmucke **Ascona** 5 › S. 136, dessen prächtige Uferpromenade nach dem Abstecher in die steinerne Welt der Verzasca wunderbar zum Entspannen einlädt.

WICHTIGE ADRESSE

Ticino Turismo

- Via Lugano 12
  6501 Bellinzona
  Tel. 091 825 70 56
  www.ticino.ch

UNTERWEGS IM TESSIN

AM ST.-GOTTHARD-PASS 1 G5

Göschenen G5 (1106 m) liegt am Nordeingang der beiden älteren Gotthardtunnel – des nun bereits über 100 Jahre alten Eisenbahntunnels und des 1980 eröffneten Straßentunnels. (Der Eingang zum neuen Gotthard-Basistunnel liegt weiter nördlich bei Erstfeld.) Oberhalb des Orts verengt sich das Tal zur wilden **Schöllenenschlucht.** Auf der Teufelsbrücke überquert man die gischtende Reuss.

Der Wintersportort **Andermatt** G5 (1444 m; 1400 Einw.) ist als »Schneeloch« bekannt und in der Saison entsprechend frequentiert. Hier kreuzen sich verschiedene Alpenrouten: die Furkapassstraße vom Wallis, die Durchgangsstrecke von der Zentralschweiz ins Tessin und die Verbindung aus dem Bündnerland (Rheinschlucht, Disentis).

Von Andermatt ist der **St.-Gotthard-Pass** (2108 m) rasch erreicht. Seine Scheitelregion ist von eher herber Schönheit, und während der anschließenden Talfahrt genießt man prächtige Ausblicke ins Bedrettotal und in die **Leventina,** das Tal des Flusses Ticino zwischen Airolo und Biasca. Letztere ist zwar durch den Verkehr arg in Mitleidenschaft gezogen, doch auf den Höhen entdeckt man noch stille Seitentäler; da und dort hat sich alte Bausubstanz fast geschlossen erhalten.

BELLINZONA 2 H7

Die Hauptstadt des Kantons Tessin (43 200 Einw.) war aufgrund ihrer strategisch wichtigen Lage immer wieder ein Zankapfel zwischen Mailänder Adelsgeschlechtern und den Eidgenossen. Erst Anfang des 16. Jhs. brachten die Schweizer Bellinzona endgültig in ihren Besitz.

Nicht verwunderlich, dass das Stadtbild noch heute von mittelalterlichen **Wehranlagen** ★ geprägt wird, die zum UNESCO-Weltkulturerbe gehören: Über der lombardisch anmutenden Città thront das **Castelgrande** (die ältesten Teile stammen aus dem 12./13. Jh.), im Osten eine der schönsten Burgen der Schweiz, das **Castello Montebello** (13./15. Jh.). Hoch am Hang liegt das **Castello di Sasso Corbaro** (1479). Alle drei Anlagen beherbergen regional-kulturelle Sammlungen.

INFO

Bellinzona Turismo

- Piazza Nosetto | 6500 Bellinzona
  Tel. 091 25 21 31
  www.bellinzonaturismo.ch

RESTAURANTS

Castelgrande €€€

Internationale Küche und erlesene Weine im kühn renovierten Schloss mit Gartencafé und Panoramaterrasse.

- Salita al Castello | 6500 Bellinzona
  Tel. 091 814 87 81
  www.ristorantecastelgrande.ch
  So/Mo geschl.

Locanda Orico €€€
Gourmetrestaurant mit große Auswahl an Tessiner Käse und feinen Desserts.

- Via Orico 13 | 6500 Bellinzona
  Tel. 091 825 15 18
  www.locandaorico.ch | So/Mo geschl.

LOCARNO 3 ★ G7

Zentrum des Fremdenverkehrs am Schweizer Teil des Lago Maggiore ist Locarno (16 000 Einw.), der wärmste Ort der Schweiz. Das milde Klima und die bezaubernde Landschaft locken schon lange Gäste an, dennoch hat sich der Ort seinen Charme – jenes unverwechselbare Nebeneinander alpin-rustikaler und südländischer Akzente – teilweise bewahrt. Die lange, arkadengesäumte **Piazza Grande** ist im August Schauplatz des Filmfestivals. Das **Castello** – stattlicher Überrest der 1532 geschleiften Viscontiburg – markiert die Südwestecke der Città Vecchia. Hoch über der Stadt thront die Wallfahrtskirche **Madonna del Sasso,** ein beliebter Aussichtspunkt.

INFO

Ente Turistico Lago Maggiore

- Largo Zorzi 1 | 6600 Locarno
  Tel. 0848 091 091
  www.ascona-locarno.com

HOTELS

Belvedere €€€
Tradionsreiches Hotel mit grandioser Aussicht auf den Lago Maggiore.
- Via ai Monti della Trinità 44
  6600 Locarno | Tel. 091 751 03 63
  www.belvedere-locarno.com

Garni du Lac €
Kleines Frühstückshotel hinter historischen Mauern unweit der Piazza Grande.
- Via alla Ramogna 3 | 6600 Locarno
  Tel. 091 751 29 21 | www.du-lac-locarno.ch

RESTAURANTS

Osteria del Centenario €€€
Feine Küche an der Seepromenade.
- Viale Verbano 17
  6600 Locarno
  Tel. 091 743 82 22
  www.osteriacentenario.ch
  So/Mo geschl.

Grotto al Capon €
Ausgesprochen gemütliches Grotto (so heißen die typischen Landgaststätten im Tessin) bei Locarno; köstliche Tessiner Spezialitäten in gemütlich-rustikalem Ambiente.
- Vicolo Capone 4
  6645 Brione sopra Minusio
  Tel. 091 743 45 10
  www.alcapon.ch
  Tägl. außer Do; im Nov. geschl.

TOUREN IM TESSIN UND IM WALLIS

TOUR 12

DAS MILDE TESSIN

St. Gotthard > Bellinzona > Locarno > Lugano > Gandria > Melide > Lugano

TOUR 13

DAS WILDE TESSIN

Bellinzona > Val Verzasca > Locarno > Ascona

TOUR 14

WALLISER GLETSCHER UND PÄSSE > S. 140

Brig-Glis > Großer Aletschgletscher > Nufenenpass > Sankt-Gotthard-Pass > Furkapass > Rhonegletscher > Brig-Glis/ Grimselpass > Meiringen > Interlaken

TOUR 15

WALLISER SKI- UND GIPFELTOUR > S. 141

Brig-Glis > Saas-Fee > Zermatt > Crans-Montana

SHOPPING

Jeden Donnerstagvormittag lockt der **Markt** Einheimische und Besucher gleichermaßen auf die Piazza Grande.

VAL VERZASCA 4 G6/7

Wer auch eine andere Seite des Tessins kennenlernen möchte, sollte die abgelegenen Hochtäler des Sopraceneri aufsuchen. Als »steinernes Herz des Tessins« wird das 25 km lange Verzascatal bezeichnet: Hoch aufragende Talflanken, Felsstürze und karge Wiesen prägen das Bild. Beliebtes Fotomotiv ist die zweibogige Brücke »Ponte dei Salti« beim Hauptort **Lavertezzo**. Das komplett unter Denkmalschutz stehende **Corippo** gilt als besterhaltenes Tessiner Bergdorf. > mehr S. 13 Punkt 11

RESTAURANT

Grotto Sassello €€

Ausgezeichnetes Grotto mit neu interpretierten traditionellen Gerichten.

- 6635 Gerra Verzasca | Tel. 091 746 13 09
  www.grottosassello.ch

ASCONA 5 ★10 G7

Noch um 1900 ein verschlafenes Dorf, ist Ascona (5500 Einw.) heute ein mondäner Ferienort am See. Hinter der großzügigen Uferpromenade mit vielen Cafés liegt der Stadtkern mit bedeutenden Baudenkmälern, darunter die beeindruckende **Casa Serodine** (Barockfassade von 1620), der Kreuzgang des **Collegio Papio** und die Kirche **Santa Maria della Misericordia** (Fresken 15./16. Jh.). Jedes Jahr am Fasnachtsdienstag gibt's das große Risottoessen für jedermann mit Volksfestambiente – ganz umsonst!

AUSFLUG AUF DIE BRISSAGO-INSELN G7

Im Nordteil des Lago Maggiore liegen die Isole di Brissago, bestehend aus der größeren Grande Isola und der kleineren, unbewohnten Isola Piccola. Die Grande Isola, auf der sich der botanische Garten des Kantons Tessin mit rund 1500 Pflanzenarten aus dem Mittelmeerraum und den Subtropen befindet, kann per Shuttleboot von Porto Ronco (5 km westl. von Ascona) erreicht werden. Vom Restaurant in der Villa Emden hat man einen schönen Panoramablick (6614 Isole di Brissago, Tel. 091 791 43 61, www.isolebrissago.ch; April–Okt. tgl. 9–18 Uhr).

LUGANO 6 ★ G/H7

Der Hauptort am Lago di Lugano (63 500 Einw.) umschließt mit seinen Vororten und der Nachbargemeinde Paradiso eine weite halbkreisförmige Bucht zwischen den Aussichtsbergen Monte Brè und Monte San Salvatore. Schon in der Frühzeit des Tourismus wurde der Ort zum begehrten Reiseziel. Das südländisch-lebensfrohe Ambiente hat sich nicht nur in der kleinen Altstadt mit ihren arkadengesäumten Gassen erhalten.

Über den Ziegeldächern erhebt sich die Kathedrale **San Lorenzo**, deren kunstvolle Fassade (1500 bis

1517) als ein Meisterwerk der Tessiner Frührenaissance gilt. Der gleichen Kulturepoche gehört auch das monumentale Passionsfresko (Bernardino Luini, 1529) in der Kirche **Santa Maria degli Angioli** am südlichen Ende der Via Nassa an.

Östlich der Altstadt liegt der Parco Civico mit der **Villa Ciani,** wo interessante Wechselausstellungen mit künstlerischem und historischem Hintergrund stattfinden.

Das Kunstmuseum **Museo d'arte della Svizzera italiana** (MASI) vereint das bisherige kantonale und städtische Kunstmuseum in mehreren Häusern. Die ständige Dauerausstellung ist im Lugano Arte e Culture auf drei Etagen zu sehen (Piazza Bernardino Luini 6, www.masilugano.ch; tgl. außer Mo 10 bis 18, Do bis 20 Uhr). Wechselausstellungen der Regionalkunstgeschichte zeigt künftig der Renaissance-Palazzo Reali (Via Canova 10; derzeit im Umbau).

Den schönsten Blick auf Lugano und den See hat man vom **Monte San Salvatore** (912 m), der sich mit der Seilbahn ganz bequem »bezwingen« lässt (Talstation Lugano-Paradiso; März–Nov. alle 30 Min.).

INFO

Lugano Turismo

- Riva Albertolli 5 | 6901 Lugano
  Tel. 058 866 66 00
  www.lugano-tourism.ch

HOTELS

Villa Principe Leopoldo €€€

Nobelherberge im grünen Villenviertel auf der Collina d'Oro.

- Via Montalbano 5 | 6900 Lugano
  Tel. 091 985 88 55
  www.leopoldohotel.com

Walter au Lac €€

Traditions-Familienbetrieb mit persönlicher Note. Jedes Zimmer hat Seeblick.

- Piazza Rezzonico 7 | 6900 Lugano
  Tel. 091 922 74 25 | www.walteraulac.ch

Lugano an seinem See

Karte S. 134

RESTAURANTS

Olimpia €€

Traditionelle Speisen und Gourmetempfehlungen im alten Stadtpalast von 1845.

- Piazza Riforma 1 | 6900 Lugano
  Tel. 091 922 74 88
  www.ristoranteolimpia.ch | So/Mo geschl.

Antica Osteria del Porto €

Tessinisch-lombardische Küche. Probierstube für Wurstwaren und Käse.

- Via Foce 9 | 6900 Lugano
  Tel. 091 971 42 00
  www.anticaosteriadelporto.ch
  Mo/Di geschl.

Grand Café al Porto €

Das Kaffeehaus von 1803 ist ideal für eine Pause beim Shopping in den Gassen um die Via Nassa. > **mehr S. 15 Punkt 21**

- Via Pessina 3 | 6900 Lugano
  Tel. 091 910 51 30
  www.grand-cafe-lugano.ch | So geschl.

LAGO DI LUGANO 7 ★ 11 G/H7/8

Mit seiner lang gezogenen Form und den Steilufern erinnert der Ceresio (48,7 km²) – so nennen ihn die Einheimischen – an den Vierwaldstättersee, wenngleich ihm dessen spektakuläre hochalpine Kulisse fehlt. Linienschiffe verkehren ganzjährig; im Sommer gibt es zusätzlich Ausflugs- und Abendfahrten.

Bei einer Bootsfahrt wird stets auch **Gandria** H7 angesteuert. Mit den verschachtelten Häusern an den steilen Uferfelsen gibt das Dorf ein malerisches Bild ab. Amüsant ist das Schweizer Zollmuseum in einem ehemaligen Wachhaus; über die originellen Schmugglermethoden vergangener Tage kann man nur staunen (Cantine di Gandria, 6978 Lugano, April–Okt. tgl. 13.30 bis 17.30 Uhr, www.zollmuseum.ch).

Melide 8 G7/8 wartet mit einer besonderen Attraktion auf: der Modellanlage Swissminiatur mit Sehenswürdigkeiten der Schweiz in 25-facher Verkleinerung (6815 Melide, www.swissminiatur.ch; März bis Okt. tgl. 9–18 Uhr).

Nur 5 km weiter südwestlich liegt **Morcote** G8, überragt von seiner Kirche Santa Maria del Sasso (15./18. Jh.), zu der man über 406 Stufen hinaufsteigt. Bei **Capolago** ist man an der Südspitze des Luganersees angelangt. Naturliebhabern bietet sich hier ein Abstecher mit der Zahnradbahn auf den **Monte Generoso** (1701 m).

Zwischen den südlichen Ausläufern des Sees liegt der **Monte San Giorgio** ★ H8 (1096 m) mit geopaläontologischem Lehrpfad. Vor 240 Mio. Jahren befand sich hier ein 100 m tiefes Meeresbecken. Kein anderes Gebirgsmassiv der Schweiz birgt eine größere Vielfalt gut konservierter Fossilien, weshalb der Berg ins UNESCO-Weltnaturerbe aufgenommen wurde.

MENDRISIO 9 H8

Der Hauptort des **Mendrisiotto** (14 900 Einw.) hat einen sehenswerten Stadtkern. Die reizvolle Hügellandschaft bietet viele Ausflugmöglichkeiten, etwa ins **Valle di Muggio** mit seinen hübschen Dörfchen.

DAS WALLIS

Chalet in Leukerbad im Dalatal, Wallis

Das tiefste Tal des Landes wird von den Giganten der alpinen Bergwelt mit ihren imposanten Gletschern gesäumt. Weltbekannt ist der markante Gipfel des Matterhorns. Unten, im sonnigen Rhonetal, wird Wein angebaut.

Das Wallis (Valais), das sich über fast 150 km Länge erstreckt, ist der Kanton der Kontraste und Superlative. Oberhalb von **Zermatt** thronen der höchste und der berühmteste Berg der Schweiz: Dufourspitze (4634 m) und Matterhorn (4478 m). Im Norden und Osten gehören **Rhonegletscher** und **Großer Aletschgletscher** zu den gewaltigsten Eisströmen der Alpen, während unten im sonnenverwöhnten **Rhonetal** Trauben, Tomaten und Aprikosen gedeihen. Hier liegt auch die Kantonshauptstadt **Sion**. Südlich davon, im **Val d'Hérémence**, wurde die höchste Staumauer der Welt am Lac des Dix errichtet. Im Wintersportort **Crans-Montana** probt man – zumindest architektonisch – die touristische Zukunft. Das **Lötschental** hingegen ist dafür bekannt, dass die Menschen die überlieferten Bräuche besonders lebendig halten.

TOUREN IN DER REGION

TOUR 14

WALLISER GLETSCHER UND PÄSSE

ROUTE: Brig-Glis > Großer Aletschgletscher > Nufenenpass > Sankt-Gotthard-Pass > Furkapass > Rhonegletscher > Brig-Glis- oder Grimselpass > Meiringen > Interlaken

KARTE: Seite 134
DAUER: 3 Tage, 140 km
PRAKTISCHE HINWEISE:

- Die Strecke wird überwiegend mit dem Auto befahren, zum Aletschgletscher geht es per Seilbahn.
- Da die Pässe im Winter gesperrt sind, ist die Tour nur von Juni bis Oktober möglich.

TOUR-START:

Die Alpenstadt **Brig-Glis** 13 > S. 143 ist der ideale Ausgangspunkt für die Tour durch die Walliser Gletscherwelt. Erstes Ziel ist der **Große Aletschgletscher** 14 > S. 144, den man mit der Seilbahn von Mörel via **Riederalp** > S. 144 oder von Betten via **Bettmeralp** > S. 144 erreicht. In beiden Orten kann übernachtet werden. Entlang der Rhone geht es am nächsten Tag in die Welt der einstigen Alpenüberquerungen. Auf den **Nufenenpass** F/G6 (2478 m) folgt der **St. Gotthard** 1 › S. 132, einst die wichtigste Verbindung in den Süden. Auf dem **Furkapass** › S. 147 kann man im Hotel Belvédère in unmittelbarer Nähe zum **Rhonegletscher** › S. 144 übernachten.

Am dritten Tag geht es entweder zurück nach Brig-Glis – oder weiter ins Berner Oberland über den **Grimselpass** F5 (2165 m). Mit etwas Glück laufen einem dort Murmeltiere vor die Kamera. Über **Meiringen** › S. 87 gelangt man schließlich bis nach **Interlaken** › S. 87.

TOUR 15

WALLISER SKI- UND GIPFELTOUR

ROUTE: Brig-Glis › Saas-Fee › Zermatt › Crans-Montana

KARTE: Seite 134
DAUER: 3 Tage oder auch länger, je nach Lust zum Skifahren, 160 km
PRAKTISCHE HINWEISE:

- Für die Reise von Brig zu den Skiorten benutzt man am besten die öffentlichen Verkehrsmittel; Saas-Fee und Zermatt sind ohnehin autofrei.
- Die Entfernung zwischen den einzelnen Etappen beträgt jeweils unter 2 Std. Macht man die Reise als Schnuppertour, kann man jeweils abends nach Brig-Glis zurückkehren, sonst wird direkt in den Skiorten übernachtet.
- Im Sommer eignet sich die Tour auch als Wandertour.

TOUR-START:

Von **Brig-Glis** 13 › S. 143 aus verkehrt das Postauto bis ins Gletscherdorf **Saas-Fee** 12 › S. 142 mit 100 km Skipisten und einem Snowboardpark. Auf dem Mittelallalin (3456 m) genießt man vom weltweit höchsten Drehrestaurant einen Panoramablick auf 13 Viertausender.

Zermatts 10 › S. 142 Attraktion ist zweifellos das **Matterhorn**. Mehr als 300 Pistenkilometer bietet das »Matterhorn Ski Paradise«, das auch an die italienische Seite angebunden ist. Besonders lohnend ist der Rundblick auf 20 Viertausender vom entfernten **Gornergrat** 11 › S. 142, den man mit der Gornergratbahn ab Zermatt erreicht.

Das Skigebiet von **Crans-Montana** 19 › S. 145 schließlich, das auf der Südseite der Berner Alpen im französischsprachigen Teil des Wallis liegt, bietet über 160 km Skipisten.

WICHTIGE ADRESSEN

Wallis Promotion

- Rue Pré Fleuri 6 | 1951 Sion
  Tel. 027 327 35 90 | www.wallis.ch

Alpmove

Dieses nachhaltige Projekt verbindet das Walliser Wegenetz interaktiv mit Freizeitangeboten – so kann man sich eine individuelle Route zusammenstellen.

- www.alpmove.ch

UNTERWEGS IM WALLIS

ZERMATT 10 12 E7

Traumziel aller Alpinisten ist zweifelsohne das **Matterhorn** ★ (4478 m). Mit dem eigenen Wagen darf man nur bis Täsch fahren; die Weiterbeförderung nach Zermatt (1605 m; 5700 Einw.), dem bekanntesten Schweizer Wintersportort, übernimmt die Bahn. Kurz bevor der Ort erreicht ist, ertönt dann – schönes Wetter vorausgesetzt – ein vielstimmiges »Ah-oh«, untermalt vom hastigen Klicken der Kameras, wenn der Berg endlich ins Blickfeld kommt.

Das **Matterhorn Museum-Zermatlantis** im Herzen von Zermatt vermittelt die Geschichte des berühmtesten Schweizer Gipfels am Beispiel eines versunkenen Dorfes, das von Archäologen freigelegt wird (Kirchplatz 11, www.matterhornmuseum.ch; Dez.–Ostern tgl. 15–18 Uhr, Ostern–Juni 14–18 Uhr, Juli bis Sept. 11–18 , Okt. 15–18 Uhr).

INFO

Zermatt Tourismus

- Bahnhofplatz 5 | 3920 Zermatt
  Tel. 027 966 81 00
  www.zermatt.ch

HOTEL

Kulmhotel Gornergrat €€

Vom höchstgelegenen Hotel der Schweiz (3100 m) blickt man auf lauter Viertausender, von den Westzimmern direkt aufs Matterhorn.

- 3920 Zermatt | Tel. 027 966 64 00
  www.gornergrat-kulm.ch
  Geöffnet Juli–Sept. und Ende Dez.–Mitte März.

RESTAURANT

1818 Eat & Drink €€

Hinter den 200 Jahre alten Mauern im Gebäude mit dem ursprünglichen Hausnamen 1818 entstehen spannende Gerichte in kreativer Zubereitung rund um den glühend heißen Holzkohlegrill.

- Bahnhofstr. 84 | 3920 Zermatt
  Tel. 027 967 84 84 | www.1818zermatt.ch

GORNERGRAT 11 E7

Die ganz große Schau auf das einmalige Hochgebirgspanorama um das Matterhorn bietet der Gornergrat (3131 m; Zahnradbahn ab Zermatt). Noch höher hinaus geht's mit der Seilschwebebahn: zum Kleinen Matterhorn (3820 m) am Plateau Rosa (Sommerskigebiet).

SAAS-FEE 12 ★ E7

Zu Unrecht etwas im Schatten von Zermatt steht das ebenfalls autofreie Saas-Fee (1798 m; 1600 Einw.) im Saastal (Parkplatz am Ortseingang). Wer die Bergkulisse ausgiebig genießen will, steigt von Saas-Grund (1559 m) zu Fuß über den **Kapellenweg** hinauf nach Saas-Fee unter dem Feegletscher (ca. 45 Min.). Die »Metro Alpin« fährt von Saas-Fee zum **Mittelallalin** (3456 m), wo man das grandiose Panorama im weltweit höchsten Drehrestaurant

Vor der Kulisse des Matterhorns klettert die Zahnradbahn auf den Gornergrat

genießen und den riesigen Eispavillon besuchen kann (www.saas-fee.ch/drehrestaurant).

HOTEL-RESTAURANT

Zur Mühle €–€€

Rustikales Chalethotel mit 3 Zimmern. Im Stübli kocht der Hausherr Fondues und Beefsteak Tartare. > mehr S. 14 Punkt 18

- Dorfstr. 61 | 3906 Saas Fee
  Tel. 027 957 26 76
  www.moulin-saas-fee.ch

BRIG-GLIS 13 F6

Ein Mann hat Brig-Glis (13 100 Einw.) – zumindest optisch – seinen Stempel aufgedrückt: Kaspar Jodok Stockalper (1609–1691), der ungekrönte König des Simplon, ein weltgewandter Kaufmann. Das Denkmal seines Erfolgs ist der **Stockalperpalast** (1678), der bedeutendste Barockpalast der Schweiz. (Alte Simplonstr. 28, 3900 Brig, www.brig-simplon.ch/schloss, Besichtigungen Mai–Okt. tgl. außer Mo, Mitte Dez.–April nur Di).

Das inzwischen mit dem Nachbarort Glis fusionierte Brig ist ein idealer Ausgangspunkt für Erkundungen im Wallis. Durch den Lötschberg-Basistunnel dauert die Zugfahrt von Zürich ins Wallis nur rund zwei Stunden.

HOTEL

Stockalperturm €€

Der über 330 Jahre alte Turm am Beginn des Gondotals unweit von Brig-Glis, einst ein Warenlager, wurde in ein historisches Hotel mit neun behaglichen Zimmern umgewandelt.

- Simplonstr. | 3907 Gondo
  Tel. 027 979 25 50
  www.stockalperturm.ch

GROSSER ALETSCH-GLETSCHER 14 ★ F6

Der 22 km lange Gletscher, Teil der Region Jungfrau-Aletsch-Bietschhorn (UNESCO-Welterbe), gehört zu den Naturwundern der Alpen. › mehr S. 16 Punkt 29 Eine fantastische Aussicht auf den gewaltigen Eisstrom bietet die **Belalp** (2094 m), zu der von Blatten aus eine Seilschwebebahn hinaufführt. Günstige Ausgangspunkte für Wanderungen sind **Riederalp** (1943 m) und **Bettmeralp** (1950 m). Eine weitere Luftseilbahn führt von **Fiesch** auf den Aussichtsberg der Gegend, das **Eggishorn** (2926 m).

Gegenüber, am Weg ins Binntal, liegt **Ernen**, ein stilechtes Walliser Dorf, das sich auch mit seinem jeden Sommer stattfindenden Musikfestival einen Namen gemacht hat (www.musikdorf.ch).

HOTEL

Alpfrieden €€

Freundliches Hotel im Chaletstil mit komfortablen Zimmern und traumhafter Lage; dazu gehört auch ein ausgezeichnetes Restaurant.

- 3992 Bettmeralp | Tel. 027 927 22 32
  www.alpfrieden.ch

DAS GOMS UND DER RHONEGLETSCHER

Das im östlichen Zipfel des Wallis gelegene **Goms** 15 F6 bildet die oberste Talstufe der Rhone, die hier Rotten heißt. Ein Haufendorf folgt auf das andere, z. T. mit schönen alten Häusern und stattlichen Barockkirchen, insbesondere Niederwald, Reckingen und Münster.

In Gletsch (1760 m) wird der Blick auf den mächtigen **Rhonegletscher** › S. 147 frei. Weiter im Tal sind die Serpentinen der Furkastraße zu sehen, die unmittelbar an den Eiskatarakt heranführen. Die **Furka** (2431 m) bildet den Übergang nach **Andermatt** (1444 m) › S. 132.

LÖTSCHENTAL 16 ★ E6

Sehr lohnend ist ein Besuch des Lötschentals, das zu den reizvollsten Regionen des Wallis gehört. Hier wird noch viel Wert auf Traditionen gelegt, und das nicht nur am »Schmutzigen Donnerstag« (letzter Donnerstag im Fasching), wenn die *Roitschäggättä* (die »Rauchgeschwärzten«) mit ihren furchterregenden Holzmasken lärmend durch die Dörfer tollen.

Bei der Prozession am Segenssonntag (nach Fronleichnam) marschieren die »Herrgottsgrenadiere« in Uniformen aus der Zeit Napoleons mit (Gampel–Fafleralp 22 km).

LEUKERBAD 17 E6

Über dem Eingang zum Dalatal liegt das gut erhaltene Städtchen **Leuk** (3900 Einw.).

Bekannter ist jedoch **Leukerbad** (1402 m; 1400 Einw.) hinten im Tal, dessen heiße Quellen, die Nerven- und Rheumaleiden lindern, schon die Römer zu schätzen wussten. Der Kurort wurde mehrfach von Lawinen zerstört und musste immer

In der Eisgrotte am Rhonegletscher

wieder neu aufgebaut werden. Dank dem Skitourismus und dem Kurwesen entwickelte sich Leukerbad im 20. Jh. so prächtig, dass die Stadtväter in die **Leukerbad-Therme** investierten, doch geriet der hoch verschuldete Ort dadurch unter Zwangsverwaltung. Den Kurgästen kann dies egal sein, sie genießen den Blick auf die Walliser Bergwelt beim Bad in den verschiedenen Thermalbecken (Rathausstr. 32, 3954 Leukerbad, www.leukerbad-therme.ch; tgl. 8–20 Uhr).

SIERRE 18 E6

Zwischen Leuk und Sierre (16 900 Einw.) bildet der **Pfynwald,** dessen Föhrenbestand leider kränkelt, die Grenze vom Oberwallis zum französischsprachigen Bas-Valais, dem Unterwallis.

Sierre liegt etwas abseits der Rhone inmitten ausgedehnter Rebberge. An die Herrschaft der Sittener Bischöfe erinnert das **Schloss** (15. Jh.) der Viztume (Vermögensverwalter). In der **Maison de Courten** (17. Jh.) wurde ein Gedenkzimmer für den großen Lyriker Rainer Maria Rilke (1875–1926) eingerichtet, der im kleinen Wohnturm von **Muzot** (13. Jh.) bei Sierre seine letzten Lebensjahre verbrachte.

Jenseits der breiten Rhonetalfurche öffnet sich das **Val d'Anniviers,** das für seine landschaftliche Schönheit zu Recht gerühmt wird.

CRANS-MONTANA 19 D/E6

Hoch über Sierre breitet sich die Sonnenterrasse von Crans-Montana (1500 m; 10 600 Einw.) aus, das mit einem Panorama der gesamten Walliser Alpen, erstklassigen touristischen Einrichtungen, aber auch einigen Bettenburgen aufwartet. 1987 wurde hier die alpine Skiwelt-

Blick vom Burgfelsen über Sion

meisterschaft ausgetragen, im Sommer wird der Ort überwiegend von Golfern besucht.

SION 20 D6

Wahrzeichen der Walliser Kantonshauptstadt Sion (deutsch Sitten; 34600 Einw.) sind seine zwei befestigten Hügel rechts der Rhone. Auffälligstes Bauwerk der Altstadt am Fuß der Burgfelsen ist die **Kathedrale Notre-Dame-du-Glarier** (15. Jh.) mit ihrem mächtigen romanischen Frontturm. Erwähnung verdient auch das 1665 errichtete **Rathaus** mit der astronomischen Turmuhr.

In dem burgartigen Komplex der Majorie (1536) ist das **Musée d'Art cantonal** untergebracht (Place de la Majorie 15; Juni–Sept. tgl. außer Mo 11–18, Okt.–Mai bis 17 Uhr, www.museen-wallis.ch).

Das **Musée de la nature** widmet sich u. a. der regionalen Vorgeschichte und der Römerzeit (Rue des Châteaux 12; Juni–Sept. tgl. außer Mo 11–18, Okt.–Mai bis 17 Uhr).

Im Gegensatz zum 1924 erbauten Schloss Tourbillon, das heute nur mehr eine Ruine ist, bietet die **Valeria** das Bild einer mächtigen mittelalterlichen Kirchenburg. Der mauerumgürtete Komplex wird von der romanisch-gotischen Stiftskirche überragt. In den Schlossgebäuden wurde das **Musée d'histoire,** eine reiche Sammlung zur mittelalterlichen Kulturgeschichte, eingerichtet (Juni–Sept. tgl. außer Mo 11–18, Okt.–Mai bis 17 Uhr).

INFO

Sion Tourisme

- Place de la Planta 2 | 1950 Sion
  Tel. 027 327 77 27 | www.siontourism.ch

HOTEL

Des Vignes €€

Etwa 8 km von Sion entfernt, ist das Hôtel des Vignes ein idealer Ausgangspunkt für Ausflüge ins Wallis.

- Rue de Pont 9 | 1958 Uvrier
  Tel. 027 203 16 71
  www.hoteldesvignes.ch

RESTAURANT

La Sitterie €€

Patron Jacques Bovier zaubert in seinem schmucken Restaurant leckere Gerichte aus regionalen Zutaten auf den Tisch.

- Rue du Rawil 41 | 1950 Sion
  Tel. 027 203 22 12
  www.lasitterie.ch | So/Mo geschl.

AUSFLÜGE AB SION

Rund um die Kantonshauptstadt gibt es viele lohnende Ausflugsziele, etwa die **Rebberge um Savièse** mit ihren schmucken Dörfern. Auf den **Mayens-de-Sion** (Frühlingsweiden von Sitten) in 1300–1500 m Höhe kann man noch die kunstvoll angelegten Bewässerungskanäle, die »Bisses« bewundern (im Oberwallis heißen sie »Heilige Wasser«).

Höhepunkte aber sind die Täler von **Hérens** 21 D6/7 und **Hérémence** mit ihren typischen Walliser Bergdörfern (Evolène, La Forclaz, Les Haudères), deren dunkelbraune Holzhäuser in malerischem Kontrast zum Firn der Gipfel und Gletscher stehen.

Als ein Zeugnis moderner Technik wird die 284 m hohe Betonstaumauer (1961) des **Lac des Dix** D7 im innersten Val d'Hérémence gepriesen. Eine eiszeitliche Hinterlassenschaft sind die **Erdpyramiden von Euseigne** D6 (975 m).

Am Ortsausgang von St-Léonard östlich von Sion weist eine Tafel zum 300 m langen und bis zu 22 m

WALLISER PASSSTRASSEN

Der **Simplonpass** F6 (2005 m) gewann als Übergang in die Lombardei früh an Bedeutung. Napoleon ließ den Passweg zur Fahrstraße ausbauen, und zu Beginn des 20. Jhs. bohrten Mineure den 19 km langen Eisenbahntunnel in den Berg. An die Zeit der Säumer erinnert das Alte Hospiz (1235).

Von Innertkirchen gehen die Straßen zum **Grimsel-** F5 (2165 m) und **Sustenpass** G5 (2224 m) ab, die ins obere Rhonetal bei Gletsch bzw. ins Urner Reusstal führen. Beide Strecken gehören zu den schönsten Alpenstraßen der Schweiz. Vom Scheiteltunnel am Susten geht es durch das Meiental hinab nach Wassen (916 m).

Auf der Strecke zum **Furkapass** G5 (2431 m), zwischen Realp und Oberwald, verkehrt eine Dampfbahn (www.dfb.ch). Beim Furkapass endet auch der 17 km² große **Rhonegletscher** F5, der jährlich um etwa neun Meter zurückgeht. Einige Kilometer unterhalb der Passhöhe auf der Walliser Seite befindet sich die Eisgrotte, ein in den Gletscher geschlagener, 100 m langer blauer Eistunnel. (www.gletscher.ch; Anfang Juni bis 2. Hälfte Okt. tgl. 8–18, im Hochsommer bis 19.30 Uhr; Foto › S. 145).

tiefen unterirdischen See **Lac souterrain,** auf dem man Kanufahrten unternehmen kann.

MARTIGNY 22 D7

Unweit der Drancemündung am großen Rhoneknie liegt Martigny (18 200 Einw.). An seine römische Vergangenheit erinnern die Reste eines **Amphitheaters,** das einst rund 6000 Zuschauern Platz bot. Der Ort ist Ausgangspunkt wichtiger Passwege. Einer führt über den Col de la Forclaz (1527 m) ins französische Chamonix, ein zweiter zum Col du Grand St-Bernard.

MAJESTÄTISCHE BERGE

- Der berühmteste Gebirgsstock der Berner Alpen ist das **Jungfraumassiv** F5 mit den drei Gipfeln Eiger (3970 m), Mönch (4099 m) und Jungfrau (4158 m).
- Der östlichste Viertausender, der **Piz Bernina** K6 (4048 m) bei Pontresina im Kanton Graubünden, grenzt an Italien.
- Höchster aller 48 Viertausender der Schweiz ist die 4634 m hohe **Dufourspitze** E7 im Monte-Rosa-Massiv.
- Der Größe nach nur an zehnter Stelle, aber umso berühmter ist das **Matterhorn** E7 (4478 m), das direkt am Ortsausgang von Zermatt bestaunt werden kann.
- Bei Saas-Fee liegt das weniger bekannte **Allalinhorn** E7 (4027 m), auf dessen Nebengipfel Mittelallalin (3456 m) das höchste Drehrestaurant der Welt steht.

COL DU GRAND ST-BERNARD 23 D7

Der Große St. Bernhard (2469 m; nur im Sommer offen) ist ein seit vielen Jahrhunderten genutzter Alpenübergang, der das Unterwallis mit dem italienischen Aostatal verbindet. Zuerst schlugen Kelten und Römer diesen Weg ein, im Mittelalter nahmen dann deutsche Kaiser und Könige diese Route auf dem Weg nach Rom. Hier oben, in einsamer Lage und kargster Umgebung, gründete im 11. Jh. der hl. Bernhard von Menthon das Hospiz, wo einst Reisende Aufnahme fanden, und in dem heute ein kleines Museum eingerichtet ist. Die Brüder sind es auch, die die legendären Bernhardiner-Lawinensuchhunde züchten.

SAINT-MAURICE 24 C/D6

An der einst befestigten Pforte zum Wallis, dem »größten Tal der Schweiz«, liegt Saint-Maurice (4600 Einw.). Nach der Legende erlitten hier um 300 n. Chr. die Soldaten der Thebäischen Legion mit dem hl. Mauritius als Anführer das Martyrium. Ihnen zu Ehren gründete der Burgunderkönig Sigismund die **Abtei,** die lange eine Hochburg der Christenheit war. Einzigartige Kunstwerke werden in der kleinen **Schatzkammer** bewahrt (Führungen).

EXTRA-
TOUREN
Die Stiftsbibliothek der Klosterabtei
St. Gallen ist UNESCO-Weltkulturerbe

TOUR 16

SCHOKOLADE UND KÄSE IN VIER TAGEN

ROUTE: Zürich > Luzern > Ballenberg > Interlaken > Spiez > Zweisimmen > Gruyères > Fribourg > Bern > Emmental > Entlebuch > Zürich

KARTE: Klappe hinten
DISTANZEN: **Zürich** > **Luzern** 60 km; **Luzern** > **Interlaken** 70 km; **Interlaken** > **Zweisimmen** 55 km; **Zweisimmen** > **Gruyères** 50 km; **Gruyères** > **Fribourg** 35 km; **Fribourg** > Bern 35 km; **Bern** > **Entlebuch** 62 km; **Entlebuch** > **Zürich** 80 km.
VERKEHRSMITTEL: Für die ganzjährig durchführbare Tour ist das Auto am besten geeignet. Allerdings sind auch die weniger besiedelten Landstriche wie Simmental, Emmental und Entlebuch durch öffentliche Verkehrsmittel (Bahn, Bus) gut erschlossen.

Diese abwechslungsreiche Viertagestour führt zu den bekannten touristischen Höhepunkten der Schweiz. Vom Startpunkt **Zürich** > S. 103 führt der Weg über den Hirzel nach **Luzern** > S. 93 mit der berühmten Kappelbrücke und der herrlichen Aussicht auf die Berge der Innerschweiz. In den Gassen Luzerns und im Verkehrshaus gibt es so viel zu sehen, dass in dieser Stadt das Quartier für die erste Nacht aufgeschlagen wird. Am nächsten Morgen geht es durch das hügelige Nidwalden entlang des Sarnersees und über den **Brünigpass** > S. 92 nach **Brienz** > S. 86. Wie die Schweizer früher gelebt haben, lässt sich am besten im dortigen **Freilichtmuseum Ballenberg** nachvollziehen. Abends wird **Interlaken** > S. 87 erreicht, der nächste Übernachtungsort. Wer das richtige Hotel auswählt, kann am nächsten Morgen schon beim Aufwachen einen Blick auf die überwältigende Kulisse von **Eiger, Mönch und Jungfrau** > S. 88 werfen!

Der dritte Tag führt am Südufer des Thunersees entlang nach Spiez und von dort ins grüne **Simmental** > S. 89 mit dem Hauptort **Zweisimmen.** Das Ende des Tals markiert den Übergang in den französischen Landesteil. Das malerische Städtchen **Gruyères** > S. 66 ist vor allem für den Greyerzer Käse berühmt, dessen Herstellung man in einer Schaukäserei mitverfolgen kann. Aber auch eine Portion Meringues (Baisers) mit Greyerzer Doppelrahm sollte man sich nicht entgehen lassen. Ein weiteres Ziel für Schleckermäuler, die Schokoladenfabrik »Cailler of Switzerland« in **Broc** > S. 67, liegt nur einen Katzensprung entfernt. Am Nachmittag stattet man der zweisprachigen

Brückenstadt **Fribourg** › S. 64 einen Besuch ab, bevor man dann ins Nachtleben von **Bern** › S. 81 eintaucht – und dort auch übernachtet.

Am vierten Tag stehen nach ausführlicher Besichtigung der unter UNESCO-Schutz stehenden Berner Altstadt noch zwei sehenswerte Landschaften auf dem Programm: zunächst das ebenfalls durch seinen Käse bekannte **Emmental** › S. 80, anschließend das dünn besiedelte UNESCO-Biosphärenreservat **Entlebuch** › S. 100, eine wunderschöne, naturberlassene Wanderregion. Über Luzern geht es dann zurück nach Zürich, wo sich der Kreis dieser erlebnisreichen Rundreise schließt.

TOUR 17

HELVETISCHE VIELFALT IN EINER WOCHE

ROUTE: Zürich › Rapperswil › Appenzell › St. Gallen › Winterthur › Zürich › Luzern › Brünigpass › Interlaken › Wengen/Mürren › Jungfrau › Grindelwald › Interlaken › Ballenberg › Meiringen › Aareschlucht › Interlaken › Thun › Bern › Zürich

KARTE: Klappe hinten
DISTANZEN: **Zürich** › **Rapperswil** 40 Min. (alle Strecken per Zug oder Bus); **Rapperswil** › **Appenzell** 1 1/2 Std.; **Appenzell** › **St. Gallen** 45 Min.; **St. Gallen** › **Winterthur** 45 Min.; **Winterthur** › **Zürich** 25 Min.; **Zürich** › **Interlaken** 2 Std., mit dem »Golden Pass Panoramic« 3 Std.; **Interlaken** › **Jungfraujoch** 2 1/2 Std.; **Jungfraujoch** › **Grindelwald** 1 1/2 Std.; **Grindelwald** › **Interlaken** 35 Min.; **Interlaken** › **Meiringen** über **Brienz** 35–40 Min.; **Interlaken** › **Bern** 1 Std.; **Bern** › **Zürich** 1 1/2 › Std.
VERKEHRSMITTEL: Für diese Tour bieten sich Zug und Postauto an. Auf der Strecke Zürich–Luzern–Interlaken verkehrt der Aussichtszug »Golden Pass Panoramic« (www.goldenpass.ch). Eingefleischte Autofahrer werden sich wohl dennoch für einen Mietwagen entscheiden.

Ausgangspunkt dieser Wochentour ist **Zürich** › S. 103, für die meisten Flug- und Bahnreisenden ohnehin der ideale Ankunftsort. Dort werden drei Nächte eingeplant, um die helvetische Wirtschafts- und Partymetropole ausgiebig auf sich wirken zu lassen.

Am dritten Tag lohnt sich ein Ganztagesausflug, zunächst am Zürichsee entlang ins romantische **Rapperswil** › S. 108 mit seiner herrlichen Seepromenade, dann weiter ins folkloristisch anmutende **Appenzell** › S. 112 für eine Mittagspause mit einheimischem Käse. In **St. Gallen** › S. 111 wartet als Höhepunkt des Tages die **Stiftsbibliothek**, bevor man auf dem Rückweg nach Zürich dem sehenswerten Zentrum von **Winterthur** › S. 109 mit seinen Museen einen Besuch abstattet.

Am vierten Tag wird das Quartier für weitere drei Nächte nach **Interlaken** › S. 87 verlegt, am besten bei einer schönen Bahnfahrt mit dem Golden Pass Panoramic via **Luzern** › S. 93 und **Brünigpass** › S. 92. Von Interlaken aus stehen dann zwei weitere Ganztagesausflüge auf dem Programm.

Der erste führt mit der Jungfraubahn auf das Jungfraujoch zur Aussichtsplattform »Top of Europe« mit überwältigendem Blick auf die **Jungfrau** › S. 88 und ins Gletscherdorf **Grindelwald** › S. 88.

Der nächste Tag gibt einen Einblick in die Schweiz von früher im **Freilichtmuseum Ballenberg** in **Brienz** › S. 86. In **Meiringen** › S. 87 können die Besucher auf den Spuren von Sherlock Holmes wandeln, bevor sie die enge **Aareschlucht** durchwandern.

Am letzten Tag geht es entlang von Brienzer- und Thunersee zunächst nach **Bern** › S. 81 zu einer Stippvisite in der Altstadt und anschließend zurück nach Zürich.

Eine Schweiz wie aus dem Bilderbuch kann man im Freilichtmuseum Ballenberg erleben

INFOS VON A–Z

BARRIEREFREIES REISEN

Informationen über behindertengerechten Urlaub in der Schweiz sind im Internet unter www.myhandicap.ch zu finden. Einen Führer für barrierefreie Unterkünfte gibt Procap heraus (Tel. 062 206 88 88, www.procap.ch).

DIPLOMATISCHE VERTRETUNGEN IN DER SCHWEIZ

- **Deutschland:** Willadingweg 83, 3006 Bern, Tel. 031 359 41 11, www.bern.diplo.de; Mo–Fr 9–12 Uhr. Konsulate in Basel, Genf, Lugano und Zürich.
- **Österreich:** Kirchenfeldstr. 77, 3005 Bern, Tel. 031 356 52 52, www.bmeia.gv.at/bern; Mo–Fr 9–12 Uhr. Konsulate in Basel, Chur, Genf, Lausanne, Lugano, Luzern, St. Gallen und Zürich.

EINREISE

Touristen aus EU-Ländern benötigen einen Reisepass oder Personalausweis, Kinder ein eigenes Reisdokument. Da die Schweiz dem Schengen-Abkommen angehört, entfallen die Personenkontrollen.

ELEKTRIZITÄT

Die Netzspannung beträgt 230 Volt Wechselstrom. Für breite Schukostecker braucht man einen Adapter, die schmalen zweipoligen Eurostecker passen.

FEIERTAGE

Als allgemeine Feiertage gelten in der Schweiz: Neujahr, Karfreitag, Ostermontag, Auffahrt (Christi Himmelfahrt), Pfingstmontag, 1. August (Nationalfeiertag) und Weihnachten. Dazu kommen die konfessionellen Feiertage in den entsprechenden Gegenden: Berchtoldstag (2. Januar), Fronleichnam, Mariä Himmelfahrt (15. August), Allerheiligen (1. November), Mariä Empfängnis (8. Dezember), Stephanstag (26. Dezember). Der 1. Mai wird nicht überall als Feiertag begangen.

GELD UND DEVISEN

Währungseinheit ist der Schweizer Franken (frz.: *Franc suisse*, ital.: *Franco svizzero*). 1 CHF (oder SFr.) = 100 Rappen (Rp. oder ct). Im Umlauf befinden sich Banknoten zu 1000, 500, 200, 100, 50, 20, 10 CHF, Münzen zu 5, 2 und 1 CHF sowie 50, 20, 10 und 5 Rp.

Die eingeführten ausländischen Zahlungsmittel werden bei Banken, Wechselstuben, in Bahnhöfen, Reisebüros und größeren Hotels in Franken umgetauscht. Vielfach kann auch mit Euroscheinen bezahlt werden.

Die Landeswährung erhält man mit Maestro-Karte und PIN auch an den Geldautomaten (Bancomat). Weit verbreitet sind daneben die gängigen Kreditkarten (MasterCard, Visa).

Wechselkurs (Stand Juni 2019):
1 € = 1,12 CHF; 1 CHF = 0,89 €.

HAUSTIERE

Hunde und Katzen müssen mit einem Mikrochip gekennzeichnet sein, einen EU-Heimtierausweise haben und gegen Tollwut geimpft sein. Die Impfung muss mindestens 30 Tage, darf aber höchstens ein Jahr zurückliegen.

INFORMATION

Auskünfte und Broschüren erhält man bei den Büros von **Schweiz Tourismus:**

- **Deutschland:** Postfach 16 07 54, 60070 Frankfurt/M
- **Österreich:** Postfach 34, 1015 Wien
- **Schweiz:** Postfach 695, 8027 Zürich, www.myswitzerland.com
  Tel. 00800 100 200 29 (weltweite Gratisnummer)

KRANKENVERSICHERUNG

Empfohlen wird der Abschluss einer privaten Krankenversicherung für die Dauer der Reise.

NOTRUF

- Erste Hilfe: Tel. 144 oder 112
- Polizei: Tel. 117
- Feuerwehr: Tel. 118
- TCS (Touringclub der Schweiz): Tel. 140

ÖFFNUNGSZEITEN

- **Banken:** Mo–Fr 8.30–12, 14–16.30 Uhr.
- **Behörden:** Mo–Fr 8–12, 14–17 Uhr.
- **Post:** Mo–Fr 7.30–12, 13.45–18 Uhr, Sa 7.30–11 Uhr.
- **Geschäfte:** Mo–Fr 8–12.30, 13.30–18.30 Uhr, Sa 8–12.30 und 13.30 bis 16 Uhr. In den Städten ist oft auch über Mittag geöffnet, Mi oder Do Abendverkauf bis 21 Uhr, am Mo Vormittag dafür vielfach geschlossen (regionale Abweichungen möglich).

POSTGEBÜHREN

Briefe und Postkarten nach Europa kosten 1,40 CHF (bis 20 g) bzw. 2,20 CHF (bis 50 g); eilige Sendungen (mit dem Vermerk »Prioritaire«) müssen bis 20 g mit 1,50 CHF, bis 50 g mit 2,60 CHF frankiert werden.

TELEFON

In der Schweiz sind die Telefonnummern mit Ausnahme von Gratis- und Servicenummern grundsätzlich zehnstellig inklusive führender 0, d. h. die einstige Ortsvorwahl ist nun ein fester Bestandteil der Nummer.

Mit Ihrem Handy (»Natel«) kommen Sie problemlos in eines der drei Mobilfunknetze (Swisscom, Sunrise, Salt), in Berggegenden ist der Empfang manchmal jedoch schlecht. Informieren Sie sich auf jeden Fall über die Auslandstarife Ihres Mobilfunkanbieters, da die Schweiz nicht der Regelung der Handytarife durch die EU unterliegt.

Während des Autofahrens darf nur mit Freisprechanlage telefoniert werden.

Internationale Vorwahlen:

- Deutschland 00 49
- Österreich 00 43
- Schweiz 00 41.

ZEITUNGEN

Die weiteste Verbreitung hat das Boulevardblatt »Blick«; eine eher linksliberale Position verfolgt der »Tages-Anzeiger« aus Zürich; die »NZZ« (»Neue Zürcher Zeitung«) widmet sich vor allem wirtschaftlichen und kulturellen Themen. Die beliebteste Pendlerzeitung heißt »20 Minuten«.

ZOLLVORSCHRIFTEN

Bei der Einreise in die Schweiz sind pro Person zollfrei zugelassen: für den persönlichen Gebrauch bestimmte Gegenstände wie Kleider, Kameras, Sportgeräte, Musikinstrumente, außerdem Reiseproviant für einen Tag; darüber hinaus Geschenke bis zum Wert von 100 CHF sowie 2 l alkoholische Getränke unter 15 Vol.-%, 200 Zigaretten oder 50 Zigarren oder 250 g Tabak.

Bei der Wiedereinreise ins Heimatland sind pro Person (über 17 Jahre) zollfrei: 200 Zigaretten oder 250 g Tabak, 1 l Spirituosen sowie Geschenke bis zu einem Wert von 300 Euro (für Flugreisende 430 Euro).

URLAUBSKASSE

• Tasse Kaffee	4,50 CHF
• Softdrink	4 CHF
• Glas Bier (klein)	4,50 CHF
• Hotdog	5 CHF
• Kugel Eis	3 CHF
• Taxifahrt (pro km)	4 CHF
• Mietwagen/Tag	150 CHF

REGISTER

BILDNACHWEIS

Coverfoto Snowboarder vor dem Matterhorn, Zermatt, Wallis, Schweiz © laif/Linkel, Thomas
Fotos Umschlagrückseite © Habitz, Gunnar (links); Shutterstock/Foerstner, Oliver (Mitte); Getty Images/robertharding/Schlenker, Jochen (rechts)

Ballenberg Freilichtmuseum der Schweiz: 16; Fotolia/djama: 85; Fotolia-altix5: 98; Getty Images/Dee, Stuart: 149; Getty Images/Kratz, Werner: 90; Getty Images/Locatelli, Sergio: 130; Getty Images/patmeierphotography.com: 6; Getty Images/robertharding/Schlenker, Jochen: 121; Getty Images/Robinson, Michael: 71; Getty Images/Sysaworld/Moiola, Roberto: 115; Getty Images/Thomae, Achim: 10; Getty Images/Westend61: 48; GlowImages/Imagebroker: 46; Habitz, Gunnar: 2, 152; Jalag/Ceccarelli, Roberto: 13; Jalag/Einwanger, Klaus-Maria: 44; Jalag/Lengler, Gregor: 50; Jalag/Spörl, Lukas: 9; Jalag/Wrage, Götz: 132; laif/Keystone Schweiz: 18, 62; look-photos/Merz, Brigitte: 17; Lorch, Jonas: 26; mauritius images/Alamy/Calapre, Pocholo: 106; mauritius images/Alamy/Wasek, Sebastian: 59; mauritius images/Prisma: 32/33; Pixelio/Wieland Müller, Katharina: 65; Schapowalow/Cellai, Stefano: 22; Schapowalow/Schmid, Reinhard: 101; Shutterstock/1eyeshut: 15; Shutterstock/Babakin, Roman: 35, 146; Shutterstock/Berestetsky, Sergey: 20; Shutterstock/Cavalleri, Richard: 111; Shutterstock/Chalkin, Alexander: 25, 80, 145; Shutterstock/Eagle Orlov, Dmitry: 139; Shutterstock/emperorcosar: 143; Shutterstock/Foerstner, Oliver: 42; Shutterstock/fourthvisuals: 27; Shutterstock/gevision: 94; Shutterstock/Lazar, Mihai-Bogdan: 89; Shutterstock/MAN SAYS: 14; Shutterstock/Mor65_Mauro Piccardi: 123, 127; Shutterstock/mountainpix: 29; Shutterstock/Perugini, William: 82; Shutterstock/PixHound: 69; Shutterstock/Schurr, Stefan: 30; Shutterstock/stoyanh: 60; stock.adobe.com/inats: 137; stock.adobe.com/Lazar, Mihai-Bogdan: 41.

Liebe Leserin, lieber Leser,
wir freuen uns, dass Sie sich für diesen POLYGLOTT on tour entschieden haben.
Unsere Autorinnen und Autoren sind für Sie unterwegs und recherchieren sehr gründlich, damit Sie mit aktuellen und zuverlässigen Informationen auf Reisen gehen können.
Dennoch lassen sich Fehler nie ganz ausschließen. Wir bitten Sie um Verständnis, dass der Verlag dafür keine Haftung übernehmen kann.

Ihre Meinung ist uns wichtig. Bitte schreiben Sie uns:
GRÄFE UND UNZER VERLAG
Postfach 86 03 66, 81630 München, Tel. 0 89 / 419 819 41
www.polyglott.de

LESERSERVICE
polyglott@graefe-und-unzer.de
Tel. 0 800 / 72 37 33 33 (gebührenfrei in D, A, CH), Mo–Do 9–17 Uhr, Fr 9–16 Uhr

1. Auflage 2019

Dieses Buch wurde auf chlorfrei gebleichtem Papier gedruckt.
ISBN 978-3-8464-0491-1

Verlagsleitung: Grit Müller
Verlagsredaktion: Anne-Katrin Scheiter
Autoren: Gunnar Habitz und Eugen Eduard Hüsler
Redaktion: Martin Waller, München
Bildredaktion: Katja Oweger, Anne-Katrin Scheiter
Mini-Dolmetscher: Langenscheidt
Umschlaggestaltung & Layout: Independent Medien Design, München
Horst Moser (Artdirection), Lucie Heselich
Karten und Pläne: Huber Kartographie GmbH
Satz: uteweber-grafikdesign
Herstellung: Anna Bäumner, Gloria Schlayer
Druck und Bindung: Printer Trento, Italien

PEFC/18-31-506

GRÄFE UND UNZER

Ein Unternehmen der
GANSKE VERLAGSGRUPPE

MINI-DOLMETSCHER SCHWYZERDÜTSCH

Das ABC der Schweizer Dialekte: ein paar Ausdrücke und Redewendungen, die man verstehen muss – »nüd so eifach«.

ALLTAGS-WORTSCHATZ

Grüezi!	Guten Tag!
Sali!	Guten Tag!
Salü!	
Tschau!	Tschüss!
Adieu! [**adi**ö]	Auf Wiedersehen!
Uf Widerluege!	
Hoi!	Hallo!
Äxgüsi!	Entschuldigung!
Isch wahr?	Ist es wahr, was du soeben erzählt hast? (Ausdruck von Erstaunen)
..., oder?	sagt der Zürcher nach jedem zweiten Satz
..., gället'Sii?	..., nicht wahr?
Billet	Fahrkarte, auch: Führerschein
Perron	Bahnsteig
Car	Reisebus
Tram	Straßenbahn
Töff	Motorrad
Füereruswiis	Führerschein
parkieren	parken
Trottoir [**trott**war]	Gehsteig
es Pötäterli	Feuerzeug
Chrut und Rüebli/Ruebe	Durcheinander
en Chnopf / d'Chnöpf	kleines Kind / die Kinder
Duvet [**dü**we]	Oberbett
Coiffeur [**gwa**fför]	Friseur
rüdig (guet)	sehr (gut) (in Luzern)
es bitzeli	ein bisschen
amigs	manchmal
Chunsch ändli?	Kommst du endlich?
Lass' sii	Lass es sein.
Hör uf liiere.	Hör auf zu nörgeln.
Nume nid gschprängt.	Nur nichts überstürzen.
Es isch mer gschmuech.	Es ist mir nicht gut.
poschte	einkaufen
öppedie	ab und zu
verchlöpft	erschrocken
dure bi rot	durchgedreht, verrückt
gruusig	ekelhaft
scharmiere	flirten (Wallis)

ESSEN UND TRINKEN

Da sind die Schweizer ganz groß! Von den Zürchrn sagt man sogar, dass Essengehen ihre beliebteste Freizeitbeschäftigung sei.

En Guete!	Guten Appetit!
Guet gsi!	Es hat geschmeckt!
Zmorge	Frühstück
Znüni	Zwischenmahlzeit (vormittags)
Zmittag	Mittagessen
Zvieri	Zwischenmahlzeit (nachmittags)
Dessert [**dess**är]	Nachtisch
Beiz	Wirtschaft
Spunte	einfachere Gaststätte
Schale	Milchkaffee
es Zweierli	0,2 Liter Wein
es Drüerli	0,3 Liter Wein
Pfiff	Glas Veltliner-Wein
Stange	kleines Bier
Caquelon [kagglon]	Fonduetopf
Aelpler-magrone	Gericht aus Kartoffeln, Makkaroni, Käse und Zwiebeln
Anke	Butter
Bölle	Zwiebel
Chabis	Kohl
Chriesi	Kirschen
Chrottepösche (salat)	Löwenzahn(salat)
Fuschtbrot	Brot mit Wurst drauf
Gipfeli	Kipferl
Gomfi	Marmelade (Konfitüre)
Gschwellti	Pellkartoffeln
Güggeli	Brathähnchen
Gumme-lischtunggis	Kartoffelpuffer
Härdöpfel	Kartoffeln
Nüsslisalat	Feldsalat
Nuttedisel	Champagner
Plätzli	Schnitzel
Rande	Rote Rübe
Röschti	das Schweizer Nationalgericht aus geraspelten gebratenen Kartoffeln
Rüebli	Karotte(n)
Ruchbrot	dunkles Brot
Schoggi	Schokolade
Vermicelles [**wer**misell]	Nachtisch aus pürierten Esskastanien
Weggli	weißes Brötchen
Wii	Wein

MEINE ENTDECKUNGEN

Teilen Sie Ihre Entdeckungen auf facebook.com/Polyglottreisewelt.

CHECKLISTE SCHWEIZ

Nur da gewesen oder schon entdeckt?

☐ **MÄCHTIGER EISSTROM**
Atemberaubend ist die Aussicht von der Rieder- oder Bettmeralp auf den Großen Aletschgletscher. › S. 16, 144

☐ **SEENVIELFALT**
Auf der 3-Seen-Rundfahrt von Biel über den Murtensee und Neuenburgersee pendelt man an der Sprachgrenze zwischen Deutsch und Französisch. › S. 70

☐ **MODERN DARGEBOTENE KUNST**
Das Zentrum Paul Klee in Bern wurde von dem italienischen Stararchitekten Renzo Piano auf außergewöhnliche Weise gestaltet. › S. 84

☐ **TECHNIK ZUM ANFASSEN**
Im Verkehrshaus Luzern kann man sich von Kindern anstecken lassen und das Verkehrswesen spielerisch betrachten. › S. 17, 96

☐ **DIE WIEGE DER EIDGENOSSENSCHAFT**
Von Brunnen am Vierwaldstättersee lernt man auf den »Weg der Schweiz« alle Kantone symbolisch kennen. › S. 98

☐ **PER KUTSCHE INS AUTOFREIE FEXTAL**
Ein Winterparadies wie vor 150 Jahren, als noch keine Skilifte die Aussicht nahmen. › S. 12, 123

☐ **ENGADINER SCHATZKÄSTCHEN**
Das pittoreske Guarda im Unterengadin ist ein Paradebeispiel für gepflegte Dorfkultur mit Bergblick. › S. 126

☐ **WOHLFÜHLOASE**
Vom warmen Außenbecken der aufwendig gestalteten Leukerbad-Therme schaut man wohlig auf die Walliser Bergwelt. › S. 145

MITBRINGSEL

- **Schoki von Villars:** Hübsch präsentiert in ansprechenden Schmuckdosen › S. 17
- **Basler Läckerli:** Die knackigen kleinen Lebkuchen sind ein beliebtes Souvenir › S. 78